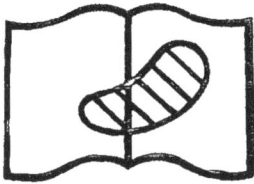

Y

Fin d'une série de documents
en couleur

dpied l-mare.

LE
PROCÈS
DES
TROIS ROIS,

LOUIS XVI. DE FRANCE-BOURBON,
CHARLES III. D'ESPAGNE-BOURBON,

ET

GEORGE III. D'HANOVRE, FABRICANT DE BOUTONS,

PLAIDÉ

AU

TRIBUNAL

DES

Puissances-Européennes

Par Appendix,

L'APPEL AU PAPE

TRADUIT DE L'ANGLOIS.

L O N D R E S.
Chez George Carenaught,
Libraire prés de *Temple-Bar.*
MDCCLXXX.

(3)

GENS COMPOSANT
LE TRIBUNAL
DES
PUISSANCES.

LL. HH. & MM.

Abdul-Hhamid, Sultan, Empereur des Turcs, Préfident,

Joſeph, Empereur & Roi des Romains,

Mhemet, Empereur de Maroc.

Marie-Théréſe, Reine de Hongrie & de Bohéme.

Catherine, Impératrice de Ruſſie,

Marie, Reine de Portugal.

Chriſtian, Roi de Dannemarc.

Guſtave, Roi de Suéde.

Staniſlas-Auguſte, Roi de Pologne.

Ferdinand, Roi des Deux-Siciles;

Victor Amédée, Roi de Sardaigne.

Fréderic, Roi de Pruſſe, " faiſant les fonctions d'Avocat Géuéral.

A 2   LL.

LL. AA. & EE.

Fréderic-Charles, Electeur de Majence.

Maximilien-Fréderic, Electeur de Cologne.

Clément-Wenceslas, Electeur de Tréves.

Charles-Théodore Electeur Palatin.

Fréderic-Auguste, Electeur de Saxe.

Pierre-Léopold, Grand-Duc de Toscane.

Charles, Duc des Deux Ponts.

Charles, Prince de Lorraine.

Ferdinand, Duc de Parme.

Charles-Eugéne, Duc de Wurtemberg.

Fréderic, Landgrave de Hesse-Caffel.

Chriftian-Fréderic, Marcgrave d'Anfpach & Bareuth,

Charles-Ferdinand, Duc de Brunswick.

Guillaume, Comte Reghant de Hanau.

Fréderic-Auguste, Prince de Waldeck.

Fré-

(5)

Frédéric, Prince d'Anhalt-Zerbst.

Emanuel, Grand-Maître de Malthe.

Guillaume, Prince d'Orange.

Repréſentans des Républiques.

LL. EE.

Guillaume, Prince d'Orange, Repréſentant des Provinces-Unies.

Aloys Mocenigo . . . . . de Veniſe.

Gilles Taberne . . . . . des Suiſſes.

Conrad Fort . . . . des Griſons.

Paul-Giovanni Grimaldi . . . de Genes.

Paſcal Paoli . . . . de Corſe.

Roch Barrdillon . . . . de Geneve.

Benjamin Franklin . . . de l'Amérique.

A 3 *Dans*

Dans l'Appel au Pape,

Pie VI. Souverain Pontife.
Le Collége des Cardinaux.

Parties Plaidantes.

LL. MM.

Louis XVI. Roi de France.

Charles III. Roi d'Espagne.

George III, Roi d'Angleterre.

Avocats des Parties.

Pour le Roi de France,

Le Comte de Maurepas.
Le Duc de Choiseul.

Pour le Roi d'Espagne,

Le Comte d'Aranda.
Le Comte de Florida-Blanca.

Pour le Roi d'Angleterre,

Lord Bute.
Lord North.

En-

Interprètes.

Pour le Grand Turc,

Ba-ba-bou.

Pour l'Empereur de Maroc,

Ismaël, Juif.

AVANT PROPOS
fort à propos.

Cet OUVRAGE pittoresque —— grotesque —— burlesque —— barbaresque, est sorti du cerveau FÉCOND d'un très caucasse BRETON. —— Il est charmant —— amusant —— plaisant —— pétillant —— méchant —— sanglant —— piquant —— mordant —— vrai disant. . . . . On rit, on pleure en le lisant —— Il raconte maintes vérités —— maintes quolibets —— Il dit tout de BON ce qu'il pense sans façon. —— Il fait un tableau nouveau —— des plus originaux. —— C'est une caricature —— & du Procès de TROIS ROIS une vraie bigarure.

Il découvre au clair la sagesse des ROIS divers, de tous les POTENTATS de l'univers. —— Ce n'est pas le Jugement de SOLOMON, mais d'un crâne BRETON. —— Vous le verrez par l'échantillon, LECTEUR, AMATEUR.

On dira que l'Auteur ANGLOIS a vitres cassé: ——

Puis-

Puissances insulté : —— Rois, Princes Joüé : —
George III. dénigré : —— qu'il doit par la fenêtre être
jetté : —— dans la *Tamise* noyé : —— aux petites
maisons placé : —— à *Westminster* au carcan cloüé :
à *Tyburne* (*) au gibet accroché : —— que c'est un
reprouvé —— un possédé —— qu'il doit être damné ——
en Enfer précipité —— par tous les Diables à jamais
tourmenté.

———————

A *Londres* cet Ouvrage sera recherché —— à *Paris* bien cher payé —— à *Vienne* censuré —— à *Pe-
tersbourg* excommunié —— à *Rome* fustigé —— à
Naples écorché — à *Varsovie* grillé — à *Madrid* brulé
—— à *Lisbonne* étranglé, & dans l'Inquisition fourré
—— à *Coppenhague* étouffé —— à *Berlin* dans Spandau peut-être enfermé —— à *Venise* haché —— en
Hollande sifflé —— en *Suisse* bafoüé —— & dans
tout autre Etat de l'*Europe* aux Galères pour 100 ans
au moins envoyé.

———————

On fera ce qu'on voudra : on dira aussi ce qu'on voudra : Moi, je dis que c'est un Ouvrage aussi gentil,
aussi poli que s'il étoit de l'Auteur *Sans-Souci*.

♦

Sir *Jamé* en Anglois, avec liberté, taverne
verre en mains l'a composé, & à tout l'Univers dédié.
—— Aux Puissances bonne santé a prié —— sur le
banal *Tribunal* lumière du ciel a invoqué —— à
George dans le procès bon succès souhaité —— à
tout Lecteur bien né grand plaisir desiré ——

& en taverne de sa main a Signé

Sir *JAMÉ.*

(*) La place des Exécutions.

LE PROCÈS DES TROIS ROIS.

PRÉLIMINAIRES

TRÉS

NÉCESSAIRES.

En Conseil des PUISSANCES *les Nobles* HAUTESSES MAJESTÉS & ALTESSES,

Arrêté:

Que tous, SULTAN, SULTANE, EMPEREUR, IMPÉRATRICE, ROI, REINE, ELECTEUR, PRINCE *&* DÉPUTÉ *de République seront sommés de s'assembler pour le procès des* TROIS ROIS *juger, & entre Louis & Charles* Bourbon, *& George Fabricant de boutons, tout débat, querelle, différent terminer.*

Arrêté:

Qu'il y aura par ordre & très exprès commandement des PUISSANCES, *trève, suspension d'armes, hostilités, animosité, inimitié, par terre & par mer entre les* TROIS ROIS: *& que tous les Américains seront provisionnellement clavés, entravés, ferrés, enchaînés, jusqu'à jugement définitif des nobles* PUISSANCES.

Arrêté:

Que tous havres, ports, rades, seront bouchés, fermés, bouchés, comblés; tous vaisseaux, frégates, brulots, désarmés, désemparés, & à fond d'eau coulés: tous Amiraux, Vice-Amiraux dans la mer jettés, noiés, tout

A

Cer-

Corfaires étranglés, jufqu'à ce que par les PUISSANCES, il en foit autrement ordonné.

Arrêté:

Que les TROIS ROIS feront incarcerés, & dans le plus noir cachot fourrés, les fers aux pieds & poings appliqués, & au pain & à l'eau condamnés, jufqu'à ce que leur procès foit définitivement jugé.

Arrêté:

Que le Grand-Turc fera du Tribunal préfident nommé, l'Empereur Vice-préfident déclaré, le Roi de Pruffe d'Avocat-Général établi, l'Electeur Palatin & le Grand Duc de Toscane de Greffiers patentés, le Landgrave de Heffe Caffel, & le Prince D'ORANGE du bâton d'Huiffier décorés.

Attendu que le procès paroît ne pouvoir être de long-tems terminé, & qu'il eft de la fageffe & prudence des Nobles PUISSANCES de pourvoir de bonne heure à l'approvifionnement & nourriture de tant de HAUTESSES MAJESTÉS & ALTESSES, comme auffi à tout ce qui convient à la nobleffe & roture des membres compofant le Tribunal. — pour le premier Article,

Arrêté:

Que le Roi de Sardaigne, comme le plus honnête homme de Roi que l'on connoiffe, fera Intendant déclaré: — le Roi de Suéde, comme ayant affez de probité, Tréforier nommé: — le Roi de Pruffe, comme connoiffant fur le bout des ongles, tous les détails d'un ménage, de Pourvoyeur général en titre patenté, & qu'outre la four-

ni-

niture de bouche, il fera de plus chargé de la fourni-
ture de l'avoine, paille, foin, pour le fervice des écuries
des Nobles PUISSANCES: qu'à cet effet il lui fera
délivré par le Tréforier le Roi de Suéfe cent millions
d'écus en STUBERS d'Allemagne; & qu'il fera fortement recommandé à lui Roi de Pruffe de ne pas rogner
les efpèces, ni battre fauffe monnoye, fous peine d'être
caffé

Arrêté:

Que le Prince Charles de Lorraine, comme étant le
meilleur gourmet qui exifte, fera nommé cavifte: qu'il
lui fera fpécialement ordonné de faire un achat de quatre-
vingt-dix-neuf-mille pipes du meilleur bourgogne & champagne qui foit fur pied: qu'il lui fera bien expreffément
recommandé d'avoir bon foin de la clef de la cave.

Que le Duc de Wurtemberg, très expert en cuifine,
& au fait mieux que perfonne des fauffes, fricaffées,
ragouts, fera fait Cuifinier en titre: — l'Electeur de
Cologne, comme très fin en matière de pâtés, tourtes,
maffepains, biscuits, fait Patiffier: — le Prince Ferdinand de Pruffe comme très excellent connoiffeur en toute
forte de rôti, rôtie, Rotiffeur en Chef des Nobles
PUISSANCES.

Qu'en outré, il fera nommé deux aides de Cuifine,
favoir, le Roi de Dannemarc, le Roi des Deux-Siciles:
— deux garçons Cuifiniers, l'Electeur de SAXE, & fon
Oncle l'Electeur de TRÉVES: — deux garçons patiffiers,
le Duc de Parme, le Duc de DEUX-PONTS: — deux
garçons Rotiffeurs, l'Archiduc Ferdinand, le Prince de
Galles: — garçon-marmiton en titre, le Prince
D'ORANGE.

Que le Duc d'Orléans, comme très connu en petits pains
au lait, petits pains à la Reine, fera nommé Boulanger
en Chef: — garçons Boulangers, le Duc de Modène,

le Prince de Conti; — garçons-maîtrons, porteurs de
pain à la bete, le Duc de Savoye la Prince Frédéric de
Dannemarc.

Que Monsieur, dit Comte de Provence, frère du nommé Louis Sieur Roi de France, sera fait Meunier patenté des Nobles PUISSANCES: garçons Meuniers le
Prince de Bréfil, Don Gabriel d'Espagne, l'Archiduc
Maximilien, le Duc de Penthièvre.

Qu'on déclarera maître Boucher en titre le Landgrave
de Heffe-Caffel; — garçons Bouchers le Marcgrave
d'Anspach, le Duc de Brunswick, le Comte de Hanau,
le Prince d'Anhalt-Zerbft, le Prince de Waldeck.

Maître Tapiffier, le Doge de Venife; — garçons
Tapiffiers le Duc d'Oftrogothie, le Duc de Chablais, le
Duc de Tefchen.

Maître Cordonnier, le Grand Duc de Ruffle; — garçons Cordonniers le Duc d'Holftein-Beck, le Prince de
Saxe-Gotha.

Maître Savetier; le Connétable Colonne; — garçons
Savetiers, le Prince de la Tour-Taxis, le Duc de
Mecklenbourg-Strelitz.

Vuidangeurs patentés des Nobles PUISSANCES, tous
les Bourguemefters, Echevins, Baillifs des villes, bourgs,
villages & hameaux des fept Provinces-Unies des Pays-
Bas.

Arrêté:
Qu'on nommera en titre la Reine de Hongrie Couta-
rière, l'Impératrice de Ruffie Blanchiffeufe, la Reine
de Portugal, Ravodeufe des Nobles PUISSANCES.

* Pour

* *Pour le deuxième Article, ce qui convient à la dignité des membres du tribunal,*

Arrêté :

Qu'on nommera Cocher en titre des Nobles PUIS-SANCES, *le Grand Maître de* Malthe, *comme devant être très habile Cocher, ayant fait son apprentissage chez le Feu bamboche Duc de* Parme : —— *que pour le relaier, on lui donnera, pour Cochers adjoints, tous les* Hackney-Coaches *de* Londres, & *tous les Fiacres de* Paris.

Postillon patenté, comme très bon postillon reconnu, le Duc de Sudermannie : —— *garçons Postillons, le Prince de* Lobkowitz, *Prince de* Nassau-Usingue, Pascal Paoli.

Palefreniers en titre, garçons d'écurie, les Dey & Bey *de* Tunis, Tripoli, Alger, *le Cham des* Tartares, *les Hospodar* & *Vaivode de* Moldavie & Valachie.

Valets de pied, Laquais, porteurs de livrés des Nobles PUISSANCES, *tous Princes, Comtes, Barons du* St. Empire, *Princes, Boyards de* Russie, & *de* Pologne, *Pairs d'*Angleterre, *de* France, *d'*Ecosse, *d'*Irlande, *Grands d'*Espagne, *de* Portugal, *Cardinaux, Archévéques, Evêques, Patriarches, Primats, Senateurs de* Rome, Venise, Gênes, Milan, *Sindics de* Genéve, *Bourguemesters de* Suisse, *de* HOLLANDE, *les Lords-Maires, Shérifs, Aldermans des trois Royaumes, tous Marquis, Comtes, Barons, Chevaliers, de tous Marquisats, Comtés, Baronies,* & *Chevaleries du monde.*

Coureurs, le Duc de Chartres, *l'Archiduc* Ferdinand, *le Prince de* Ligne.

Heiduques, le Prince des Asturies, *le Prince de* Nassau-Weilbourg, *le Prince de* Liége.

Médecin patenté Benjamin Franklin : —— *Médecin-adjoint,* Gilles Taberne, *Représentant des* Suisses.

Chi-

Chirurgiens, Apoticaires, Opérateurs, Accoucheurs, les Ducs de Gloceſter, & de Cumberland, & chargés de guérir les hernies, hémorroïdes, véroles, chancres, écrouelles des Nobles PUISSANCES.

Barbiers-Perruquiers, le Prince de Salm, le Prince de Monaco, le Duc de Courlande.

Froteur en titre des appartemens des PUISSANCES, *l'Electeur de* MAYENCE: — *garçons froteurs, le Duc de Mecklenbourg-Schwerin, le Landgrave de Furſtenberg, le Doge de Génes.*

Moucheurs de chandéles en titre, Don Pedro Roi de Portugal, l'Infant Don Louis d'Espagne.

Savoyards, Crocheteurs, le Prince de Kaunitz, le Prince de Rohan-Soubiſe.

Savoyards des Savoyards, Crocheteurs des Crocheteurs, le Prince Frédéric de Heſſe-Caſſel, le Prince de Schau-semberg.

* *Pour le plaiſir, amuſement, ſervice des Nobles Puiſſances,*

Arrété:

Qu'on ordonnera au Grand-Turc, à l'Empereur de Maroc, à tout Dey, Bey, Béglierbey, Bacha, Pacha & autres de raſſembler, ſans perdre de tems, les plus jeunes & plus belles Sultanes, filles, vierges, de tout Sérail quelconque ſe trouvant ſous leur domination: — qu'en outre, il ſera donné commiſſion aux plus vieilles & plus expertes matrones, de Londres, Paris, Naples, Rome, Venise, Amſterdam, de faire des recrues dans tous les endroits honnétes de leurs quartiers; — qu'il ſera expreſſement enjoint aux dites dames matrones, de n'enrôler que des perſonnes chaſtes, pieûſes, réligieuſes, & ſeulement de qua-

quatorze à quinze ans, & un nombre fuffifamment de vingt-
cinq mille.

Arrêté:

Que des fus-dites, on formera un Sérail complet, dans
toutes les règles, propreté, commodités, dimenfions, pro-
portions, perfection poffibles.

Qu'on nommera Ecuyer en titre du Sérail des Nobles
PUISSANCES, le Prince héréditaire de Pruffe ; —
Sous-Ecuyer le Comte d'Artois ; — Adjudant le Duc
de Bourbon.

Eunuques bien dûement patentés le Roi de Pruffe, le
Roi de Pologne, l'Electeur Palatin, l'Electeur de Saxe,
le Prince Henry de Pruffe, le Duc Louis-Erneff de Brunswick-Wolfenbuttel.

Maître d'Hôtel, le Prince de Condé.

Arrêté :

Que pour la paix & tranquillité du dit Sérail, le
GRAND-TURC fera châtré, pour ne plus les Sultanes con-
voitifer : l'Empereur de Maroc teficulé, pour ne plus
les jeunes Barbes faire enrager.

Et pour que toutes fortes de bonheur & bénédictions
fe répandent fur un fi faint lieu,

Arrêté :

Qu'à l'Empereur Joseph le premier pucelage fera
donné, pour, en offrande, à St. Etienne de Hongrie le
porter dans le Royaume de l'éternité.

t° Pour divertir, récréer, égaler, comme il convient,
les Nobles PUISSANCES,

Arrêté :

Qu'on formera des Spectacles, Commedies, Opera, Con-
certs ; — qu'on mandera à cet effet toutes les groffes

mé-

ménageries de Chameaux, Dromadaires, Éléphants, Pan-
thères, Ours, Crocodiles, Léopards, Tigres, Lions, Rhi-
nocéras, Loups, Sangliers, sous les Roussins d'Arcadie qui
joueront chacun élégamment leur rôle, pour amuser les
Nobles PUISSANCES: sans compter toutes les autres
bêtes chantantes & dansantes, Renards, Singes, Guenons, Côtons, Chats, Belettes & autres; — y joint les
petites ménageries d'Oyes, Canards, Coqs, Poules, Poulets, Chapons, Dindons, Cochons, Pigeons, Pinçons,
Cigales, Grives, Bécasses, Perdrix, Hiboux, Alouet-
tes, Chouettes, Chardonnerets, Serins, Linotes, Perro-
quets, Pies, Corbeaux, Coucoux; pour tous & toutes, chacuns & chacunes, ramager, gazouiller, chanter, siffler, brailler, croasser, miauler, beurler, &
Cœtera.

Qu'on mandera en sus tous les Rossignols de Florence,
tous les Canaris de Padoüe & de Naples, tous les Châtrés
d'Italie pour chanter des Ariettes, & des petits airs à
boire aux Nobles PUISSANCES; — En outre, les
plus fameux virtuoses, Caffarelli, Rezglahelli, Salim-
belli, Appiopini, Monticelli, Rominagrobi, Babi, &
tous les Charivari en i; — de plus toutes les hautes,
moïennes & basses tailles, basses & hautes contres; —
tous les Serpens des Cathédrales, Collégiales, & autres;
— tous les Instrumens, Vielles, Violes, Violons, Cla-
veçins, Clarinettes, Haut-bois, Flutes. Trompettes, Fifres,
Timbales, Tambours de basque, Orgues, Basses, Bassons
&c. &c. — Qu'on mandera en outre le Vaux-Hall de
Londres, le Colisée de Paris, le Panthéon de Rome,
pour y donner des bals rustiques & bourgeois aux Nobles
PUISSANCES.

As-

Arrêté:

Que le virtuose Roi de Prusse sera chargé de la direction des Musiciens, Musiciennes, hommes, femmes, bêtes & autres, & Cætera.

Arrêté:

Que pour le service des Nobles PUISSANCES, on mettra, par ordre suprême, un EMBARGO sur tous Chevaux, Cavales, Etalons, Anes, Anesses, Mules, Mulets, Bœufs, Vaches, Veaux, Agneaux, Brebis, Moutons, Cochons, Chapons, Dindons, sur toutes les volières, garennes, sur tous les haras & meûtes du monde.

      & Cætera, & Cætera, & Cætera.

Enfin, Arrêté:

Que les TROIS ROIS seront sur trois ânes montés, liés, garrotés, enchaînés, par des Housards & Pandours escortés, & ainsi au tribunal des Nobles PUISSANCES menés, pour y être leur procès définitivement jugé.

„ Les Nobles HAUTESSES, MAJESTÉS & AL-
„ TESSES & leurs rotures-Excellences les REPRÉ-
„ SENTANS des Républiques assemblés, comme il étoit
„ arrêté; — Le tout ajusté, arrangé, accomodé, &
                A 5   „ les

» les TROIS ROIS sur trois chars arrivés, ainsi qu'il
» était ordonné ; ——— Tous & chacun au tribunal se sont
» trouvés ; ——— Leurs places ont occupé : & comme il
» suit, ont parlé, jasé, gazouillé, gasconné, argu-
» menté, péroré, raisonné, déraisonné, radoté, ex-
» travagué."

LE

LE
PROCÉS
DES
TROIS ROIS
PLAIDÉ
AU
TRIBUNAL
DES
Puissances - Européennes.

LE GRAND TURC.

Allah! Allah! Allah!

„ Au nom du Dieu gracieux & miféricor-
„ dieux, Dieu des Dieux de toutes les Nations
„ de la terre!"

Le bruit eft parvenu à ma Sublime PORTE que le
très Chrétien Empereur des *François*, le Défenfeur
de la Foi Empereur des *Anglois*, & le Catholique Empereur des *Caftillanois*, s'étoient mis à guerroïer pour
des Efclaves de l'*Amérique* qui s'étoient révoltés Soudain mon haut Divan ai convoqué & fermement ai déclaré

claré que pareille querelle ma HAUTESSE ne vouloit partager, ni dans le différent des TROIS EMPEREURS s'immiscer.

Le Souverain Légiſlateur *Mahomet* aux Muſulmans a prohibé de guerre déclarer, de créatures égorger, d'ames humaines ſi cruellement exterminer, ſans néceſſité. Le grand arbitre de l'Univers aux flammes d'Enfer a dévoué ceux qui ſang & larmes font verſer.

Les Empereurs infidéles qui humains font écharper, font maſſacrer, par caprice, par ambition, par colère, par volupté, feront un jour par l'Ange noir décré- tés, & dans la région des ténébres précipités. Ils mour- ront comme les Chiens : leurs os feront confondus avec ceux des bêtes immondes, avec ceux des pourceaux & des porcs ſauvages; & leurs cendres feront jetées dans des lieux infects, dans les cloaques, dans les lieux pûants où l'on va ſe décharger le ventre.

Le grand triomphe des Empereurs ſages & gens de bien, eſt de morigiper leur colère, de vaincre leur reſſen- timent, d'étouffer la rage de l'ambition, d'enchaîner le monſtre de la guerre : leur grande victoire eſt de conſer- ver la paix, de ne pas inquiéter les humains, de ne pas répandre le ſang, & de ne tirer le Cimeterre Impérial pour aucun motif d'intéret, ou de vile cupidité.

Ceux là font reçus à la porte bienheureuſe de la céleſte Cité : leur corps eſt mis dans un blanc tombeau : leur ame repoſe dans les demeures inviſibles, dans un état de paix & de tranquillité : elle jouit des douceurs de la pure félicité dans le jardin Royal d'*Eden*, dans les reſplen- diſſantes habitations des délices éternelles.

La plus grande ſplendeur accompagne l'Empereur juſte, qui, dans le haut grade du poſte ſublime qu'il occupe, fidéle aux préceptes du ſouverain Dominateur des Em- pires, marche d'un pas ferme dans le ſentier de l'équité.

qui

qui cherche le bien de ses peuples; qui ne se laisse point
enivrer par les vapeurs & la fumée de la flatterie, &
chatouiller par les charmes trompeurs de la vanité; qui
ne se livre pas sans reserve à la malice infernale, & aux
diaboliques impostures des Courtisans; & qui ne suit pas
en aveugle les projets sanguinaires, les vûes détestables
de ses perfides Ministres.

Les Empereurs *Nazaréens*, sectateurs du saint person-
nage *Jesus*, ne suivent pas comme ils devroient les saintes maximes, les enseignemens purs, les preceptes excellens de ce prophète, rempli d'une sagesse céleste, leur
Légiflateur; ayant corrompu la pureté, la droiture &
l'excellence des principes de la religion de ce *Jesus*;
ayant contourné au gré de leurs iniques passions les
chastes documens émanés de sa bouche; prévaricateurs
de sa loi qui leur prêche la paix, la patience, le mépris
des injures, & le renoncement à eux-mêmes & à leur
cupidité, évoquent l'épouvantable fléau de la guerre,
se provoquent comme de jeunes taureaux, se dechaînent
comme de lions furieux, &, conduits par une rage
infernale, couvrent la terre créée de Dieu de meurtres,
de rapines & de sang: pour quelques pouces de terre font
égorger des milliers d'innocens, menent leurs pauvres
peuples à la boucherie comme de tendres agneaux, pour
leur faire percer le flanc, & arracher les entrailles, &
provoquent ainsi l'ire divine sur le globe du Créateur.

Tous les jours, trois fois, je maudis par *Mahomet*
ces Empereurs infidéles qui poussés d'une profane fureur
entassent sur leurs têtes tous les anathêmes du Ciel.
Trois fois, tous les jours, je voüe aux flammes éternelles ces êtres sanguinaires, suscités dans les décrets
éternels, par le Diable, pour être les démoniaques instrumens des chatimens qui doivent être infligés aux
Nations.

La

La guerre est indubitablement un fléau du Ciel, envoyé aux mortels par la colère divine, mais toujours évoqué sur la terre par ces impies Empereurs *Nazaréens* qui sont les bourreaux des peuples. On diroit que ces Princes n'ont pas craint de faire un pacte secret avec l'enfer : ils surpassent dans leurs forfaits les êtres les plus mal-faisans des antres sombres : ils sont pires que le Diable même, ce Prince des goufres infernaux : ils portent le Tartare avec eux par-tout où ils vont.

Ces Empereurs qui cherchent une gloire de toile d'a-raignée dans des trophées guerriers, dans des guirlandes dégoutantes du sang des peuples, méritent en punition de leur mauvais comportement, vis-à-vis des nations qui leur sont soumises, d'avoir des cornes de taureau, des queues de singe, des oreilles d'âne, de brouter l'herbe, de manger la paille & le foin comme le bétail.

Que ces Princes infidèles se battent, se déchirent, s'assassinent, mais qu'ils se brisent comme un verre sur le rocher de leur propre ambition : qu'un fer aigu serve à leur percer le flanc : que leur tête criminelle tombe sous le cimeterre redoutable : que leur sang coule goutte à goutte : que la peau de leur corps serve à faire des peaux de tambour, que préparées & cousues ensemble, on en use en guise de peau de bouc pour y mettre la liqueur traîtresse qui souille l'Esprit de l'homme : qu'ils soient précipités entiers dans l'abyme noir : qu'ils soient à jamais couchés dans la poussière de l'oubli : que leur cadavre soit enfoui dans les sables brûlans de soufre du *Tophet* : que leur ame se consume dans ce séjour de ténèbres, où jamais il n'y eut de lumière que celle des foudres & des éclairs qui font tréfaillir le goufre infernal !

Que la paix soit toujours sur la sublime PORTE ! que le Croissant soit toujours resplendissant comme les étoiles !

teal que mon Turban foit une Conftellation de cinq-cent Soleils, qu'elle brille aux yeux des Empereurs infidéles, qu'elle leur annonce la Juftice de celui dont la domination paffe toutes les dominations de la terre, dont l'Empire s'étend vers les quatre régions du monde, de celui qui eft le Monarque des Monarques, le Seigneur des Seigneurs, le Roi des Rois de l'Univers!

* Le Grand Turc ayant ceffé de parler, l'Empereur s'eft ainfi expliqué.

L'EMPEREUR.

Il s'agit de la querelle de TROIS ROIS, & non des terres du *Bavarois:* ceci eft de toute autre conféquence, de tout autre poids, de toute autre importance: trois de nos frères & coufins en font venus aux mains; enfemble font guerre, bataille, & enfemble ufent de reprefailles. Qui des TROIS a tort, ou raifon, c'eft au tribunal à porter décifion? pour moi, je ne veux en aucune façon partager la conteftation. Depuis que Dame *Thérèfe* en fi beau chemin m'a arrêté, de guerre quelconque, qu'après fa mort, ne veux me mêler. Etre Empereur, Rôi, le premier Souverain, & ne pouvoir faire la guerre, voilà mon plus grand chagrin. De trois cent mille hommes être Général, & n'avoir qu'une autorité de Caporal, voilà qui eft fatal.

Quoiqu'en dife le Seigneur Préfident que le Prince qui cherche à cueillir des lauriers, & à ramaffer des faisceaux de trophées à la guerre, mérite d'avoir des cornes de taureau, des queües de finge, des oreilles d'âne, je... je, je, — à ces mots, une rumeur grande
s'eft

s'eſt faire entendre au tribunal, on a repréſenté au Seg-gneur *Empereur* que ces mots ſont piquants, offenſants, impertinens, & ne conviennent qu'à des *Muſulmans*, que le *Grand Turc* s'eſt oublié quand il les a prononcés.—— Le Roi de *Dannemarc* a objeété que des CORNES, Il étoit très choqué : —— La Reine de *Hongrie*, l'Impé-ratrice de *Ruſſie*, la Reine de *Portugal* ont obſervé que des QUEUES, elles étoient fort ſcandaliſées : le Roi de *Pruſſe* pour les OREILLES s'eſt faché, & a très ſpirituellement fait remarquer qu'en fait d'OREILLES nombre de membres du tribunal en étoient aſſez bien mon-tés, ſans deſirer d'en être mieux partagés. —— à ce pro-pos, le Roi de *Suéde* a repliqué que la choſe ne pou-voit être mieux qu'à lui Roi de *Pruſſe* appliquée; que perſonne dans le tribunal n'avoit droit d'avoir de plus grandes CORNES; de plus longues QUEUES, de plus grandes OREILLES; que perſonne n'avoit plus que lui bataillé, plus de ſang verſé, plus de victoires gagné, plus de trophées remporté.

Oui, oui, [l'*Empereur*] ſans *Théréſe* ma mere, j'euſſe guerroié, & au Roi de *Pruſſe*, cornes, queües, oreilles j'euſſe coupé. —— à ces mots le Roi de *Pruſſe* s'eſt vive-ment emporté, & à l'*Empereur* à ripoſté qu'il faut pre-mierement bien bataillar pour la choſe éclairer & le cas décider.

Ici on a appellé l'*Empereur* à l'ordre : on lui a obſervé que le fait étoit à la cauſe étranger, qu'il falloit avancer.

Sur un clin d'œil que la Reine de *Hongrie* lui a lancé, l'*Empereur* s'eſt tout court arrêté : & l'Empereur de *Maroc* a ainſi débuté :

L'EM-

L'EMPEREUR DE MAROC.

Des gibets! des bûchers! des cordons! pour pendre, brûler, étrangler tous ceux qui la préfente guerre ont fufcité, au détriment de l'humanité. On dit qu'en *Barbarie* eft la plus forte boucherie : que *Mbemet*, pour fon déjeuné, fait deux cent têtes fauter : que fes fujets fait empaler, fait écorcher, à la gueule des tigres expofer pour s'amufer ; — qui la penfé, s'eft bien trompé, qu'en *Europe* eft le fiége l'humanité, & qu'en *Afrique*, en *Turquie* eft celui de la férocité!

Chez les *Turcs* & les *Africains* quelques Efclaves, qui l'ont mérité, font par fois par ordre du T. an étranglés, & le Tiran par fois eft à fon tour égorgé. Si en *Europe* les Tirans font plus privilégiés, & fi par fois ils ne font pas auffi affaffinés, c'eft que le fer de leurs Efclaves eft émouffé, que leur ame eft attérée, que leur corps eft preffé, que tous leurs membres par leurs Tirans font foulés.

Ces Tirans *Européens* ne font-ils pas plus barbares & plus féroces? Trois cent mille hommes d'une part, trois cent mille de l'autre font toifés, triés, enrô'és, claffés, preffés, commandés, pour aller au fon du tambour s'exterminer. Tranquilles & paifibles dans leurs palais enchantés, de villes proftituées entourés, de plaifirs enivrés, au fein des voluptés, ces meurtres atroces font au loin exécuter, & chaque jour renouveller.

C'eft par ces Tirans contre la félicité du genre humain conjurés, que la terre eft toujours dévaftée, toujours enfanglantée, que les mers font toujours infectées, toujours pillées, toujours ravagées. Leurs Efclaves, inftrumens, victimes, joüets de leur fureur, de leur ambition, au glaive de leurs Defpotes, ou des ennemis de leurs Defpotes voüés, en phalanges, légions, bataillons, efca-

B   drons

drons partagés, vont la terre continuellement attrifter, l'univers faccager, le monde embrâfer.

Ces Tirans ayant perdu les traces de l'humanité, & les lumières de la raifon délaiffé, au Démon de la guerre livrés, la force & la rufe tour à tour ont adopté, leurs Efclaves fur des citadelles flottantes & tonantes ont fait monter, les mers traverfer, pour aller aux deux extrémités du pole dans le fang & le carnage fe baigner, & des fpectacles de mort & d'enfer y donner.

Parce que les Tirans *Européens* fe font un jeu de fe battre & de s'acharner les uns contre les autres, faut-il que des effaims d'efclaves aillent pour leur caprice au loin s'égorger, & pour leur plaifir fe maffacrer?

C'eft aux barbares des plus reculées contrées de l'*Afrique*, aux fauvages des plages les plus enfoncées de l'*Amerique*, que ces Tirans féroces doivent donner l'exemple des vices, des crimes, de l'oppreffion & de la tirannie.

Les Tirans *Européens* la *Mauritanie* vont traitreûfement, abominablement dépeupler, toutes les hordes inhumainement défoler, parce que ces Efclaves la poudre n'ont pas adopté, & les canons ont négligé.

Si les *Maures* en *Europe* quelques moutons alloient enlever, ils feroient fur le champ écharpés, écartelés, au moins au gibet accrochés; & ces féroces *Européens* à la *côte d'or* de chair humaine vont fordidement trafiquer, les peuples cruellement enlever, dans leurs vaiffeaux, le couteau à la gorge les font trainer, depuis la tête jufqu'aux pieds de fers & de chaines les font charger; fous un autre hémifphère les vont porter pour de leur fang la terre y arrofer: eh! ils fe difent gens policés, gens tout-à-fait humanifés!

Quelle *Européenne* déraifon, & combien inhumaine eft de ces barbares la religion!

En

En *Mauritanie* tous ces Tirans, la corde au coû, devroient être traînés, pour y être par les Nègres bastonnés & sous les coups redoublés de garsettes (*) y expirer, pour dignement expier le sang de tant d'innocens qu'ils ont inhumainement versé!

A ces mots, le Roi de *Dannemarc*, la Reine de *Portugal* se sont piqués, & le Prince d'*Orange*, pour la République des *Provinces-Unies*, bien fort s'est emporté.

Les deux premiers ont allégué que c'étoit la Majesté des têtes couronnées, au dernier point choquer, que d'avancer que pour des Negres enlevés, il falloit leurs Majestés bastonner, & sous les garsettes les faire expirer.

Le Prince d'*Orange* n'a pas manqué d'appuïer, que c'étoit à toute outrance la Majesté de leurs Hautes Puissances insulter, que de prétendre qu'on doit des coups de batons leur donner, & aussi sous les garsettes, jusqu'à mort, les faire danser, pour des Esclaves noirs qu'en *Mauritanie* on va chercher, & qu'avec de bons ducats on doit payer.

Le Roi de *Prusse* a repliqué que Messeigneurs & leurs Majestés l'ont bien mérité, que leur procédé est contre humanité.

C'est vérité, a l'Empereur de Maroc ajouté:

Quand je consulte les regîtres de mon Divan, mes dents grincent, ma barbe s'hérisse, tous mes poils dressent: j'éprouve en moi une horreur inexprimable, en voyant la conduite féroce des Tirans *Européens*. Sectateurs soi-disant du Prophète *Nazaréen* fils de *Marie*, prévaricateurs de sa loi qu'ils ont à leurs caprices & vo-

(*) Poisées de cords dont on le sert sur les vaisseaux.

B 2

voluptés adoptée, au nom de Jefus, fur une potence
cloüé, les peuples ont enchaîné, les peuples ont dé-
pouillé, ont opprimé, ont écrafé, ont preffé, mutilé,
dépécé.

Au tombeau de *Jefus* des Tirans imbéciles par de
funatiques *Dervis* pouffés, avec fureur dans la *Palefine*
d'abord fe font portés, pour la potence y chercher, le
fer & le feu avec eux y ont trainé pour tout faccager,
& la potence en remporter. D'un feul bois de gibet,
cent mille autres gibets en *Europe* ont élevé, cent mille
bûchers ont allumé, pour les Efclaves inhumainement
y attacher, ou atrocement les y brûler.

De l'*Europe* les Tirans, du Ciel le droit ont ufurpé
de leurs Efclaves tirannifer. Au nom d'une fanguinaire
religion hautement leur en ont impofé & leurs efprits
ont effarouché: des bourreaux de *Mouftis* ces monftres
ont érafé, & l'échafaut de la tirannie ont dreffé. La
méchanceté d'un Dieu fous les fantômes infernaux ont
repréfentée: l'avarice des *Mouftis* & des *Dervis* s'eft
exaltée, de fang s'eft regorgée: l'infamie, les vices, les
crimes des Empereurs & des Rois ont été préconifés,
encenfés, divinifés; les Efclaves par ces Tirans ont été
décharnés, deffechés, exténués, & ces Tirans leur fang
goute à goute ont fucé. De débris de chair & de fang,
& de charbons de l'enfer, les Trônes ont été édifiés,
& les Empires *Européens* fe font élevés.

Trois monftres au monde l'enfer a fufcité, & l'univers
ont fait trembler. *Cromwel* fon Tiran a décapité: *Luther*
& *Calvin* de l'EUROPE la face ont changé, & la fecte
de *Jefus* en trois ont fcié; les *Papes* la terre entière ont
ébranlé, les Trônes tour à tour ont fecoué, & avec des os
& des cadavres, efclaves & Tirans ont fubjugué. Un
Efclave du Diable fouflé, du fond du Tartare la poudre
a déterré: un autre la fatale bouffole a inventé: un autre

des

des machines d'enfer a édifié, le tonnerre d'enfer y a placé, pour au bout du monde l'incendie & la mort porter. Le Démoniaque *Colomb* eſt né, un monde nouveau malheureuſement a trouvé, & de tous les Tirans la paſſion des conquêtes s'eſt emparée.

Du *Portugal* les Tirans ont commencé chez les *Indiens* les torches & les glaives de l'Evangile à porter. Ceux des *Eſpagnes*, l'*Amérique* par le fer & la flamme ont dévaſté, les habitans aſſaſſiné, les Empereurs égorgé, pour la croix ſoi-diſant y planter. l'*Amérique* de croix ont parſemée, de croix ont enſanglantée; échafauts de croix y ont dreſſé; bourreaux couverts de croix y ont mené; des *Mouftis* & des *Dervis* chargés de croix hommes, femmes, enfans, avec des croix ont empalé, ou avec des cordons de croix dévotement les ont étranglés; avec des croix des tombeaux y ont creuſé, & toute l'*Amerique* ont dévoré.

A ces mots, la Reine de *Hongrie* mille ſignes de croix faiſoit, la Reine de *Portugal* ſon chapelet diſoit, l'Impératrice de *Ruſſie* le beau minois du Roi de *Pologne* fixoit.

Thèréſe diſoit que l'Empereur de *Maroc* avoit blaſphémé, qu'au *Pape* il le falloit dénoncer : — *Marie* que dans l'Inquiſition il falloit pour ſa vie l'enfermer : — *Catherine* qu'il falloit bénignement lui pardonner : — l'Electeur de *Majence* diſoit qu'il falloit à *Iſmaël* l'interprète ordonner de l'Empereur prier d'être dans ſes propos plus modéré. — *Iſmaël* devant ſon maître trois fois profondément s'eſt incliné, & reſpectueuſement la choſe lui a repréſenté.

Alors, l'Empereur dépité, outré, indigné, trois poils de ſa barbe a arraché, & par le *Topèet* en colère a juré qu'il feroit *Thèréſe* & *Marie* dans la priſon du Sérail carcérer. — *Catherine* pour ſes deux Compagnes grace

B 3

a

a demandé. — Le Roi de *Sardaigne* a representé que
les membres du Tribunal devoient en liberté parler, &
chacun à son tour d'après sa conscience s'expliquer, &
dans le procès des T ROIS R OIS d'après la justice
opiner.

Puis l'Empereur a ainsi terminé:

De paisibles Esclaves par leurs Tirans en Europe
religieusement persécutés, & trop durement châtiés,
en *Amérique* d'abord se sont transplantés, cases ont
édifié, terres défriché, troupeaux élevé. Les Tirans
sur ces émigrans jusqu'en *Amérique* leur verge de fer
ont alongé; d'impôts nouveaux les ont accablés; de
chaînes nouvelles les ont chargés; de nouveaux échafauts
y ont dressé.

Dans ce tems, une poignée d'esclaves rusés, ensemble
révolte ont machiné, contre l'éperon d'un Tiran ont ré-
gimbé; sa statue a coups de hache ont brisé, de glaives se
sont armés; avec ses stipendiaires à coups de canon se sont
mesurés; & ces nouveaux petits Tirans guerre par tout
l'Univers ont suscité, pour un nouvel édifice de tyrannie
élever; & ainsi, le monde par des monstres est toujours
foulé, toujours torturé, toujours tirannisé!

Que ne puis-je tous les Tirans par le fil de mon cimeterre faire passer, & d'un seul coup la tête à chacun
faire sauter!

A ces derniers mots, tout le Tribunal s'est révolté
& unanimement a décidé qu'il falloit du *Maroc* la bouche
sceller. Le Roi de *Prusse* seul s'y est opposé, & comme
le Roi de *Sardaigne* vivement a représenté qu'au Tribunal pleine liberté devoit regner.

Après l'Empereur de *Maroc*, la Reine de *Hongrie*
à son tour a parlé, & très patétiquement s'est énoncée.
Toujours pleine de dévotion, *Thérèse* au Tribunal a
fait un touchant sermon: a déclamé contre l'ambition,
&

& déploré avec componction des ruiffeaux de fang
l'effufion.

LA REINE DE HONGRIE.

Paix par toute la terre ! plus de combat, plus de
guerre: c'eft manie de Démon qui devant Dieu n'a pas
de pardon ! fi moi j'ai guerroïé autre fois, c'eft pour
faire Empereur mon mari FRANÇOIS: c'eft pour maintenir la fucceffion de mon *Autrichienne* Maifon: c'eft
pour détrôner le *Bavarois*, que j'ai fait marcher les
Hongrois, & auffi pour faire Roi des *Romains*, le Prince
des *Lorrains.* Si de la *Pologne* j'ai fait partage: c'eft
que c'eft un droit de mon héritage; *Frédéric* d'ailleurs
me l'a confeillé, *Catherine* me l'a perfuadé, & à trois,
fans coup tirer, avons enfemble partagé. Si en cela,
j'ai pêché, à mon Confeffeur l'ai déclaré, & abfolution
m'a délivré. La *Bavière* j'ai reftitûé, & à *Jofeph* la
paix ai fait figner. Si quelques centaines de Houfards
pour cela ont été tués, c'eft un fait infortuné, du
quel j'ai beaucoup pleuré, & tant que je vivrai à Dieu
& à fes Saints ai juré que jamais plus guerre je ne
ferai.....

Au fujet de ce que *Théréfe* a avancé que " fi de la
Pologne, elle a fait partage, c'eft un droit de fon héritage;" — Le Roi de *Pologne* a demandé que le fait
fût juftifié. — l'Empereur pour fa mère a ripofté, qu'il
ne feroit point queftion de juftification, encore moins
de reftitution; qu'ENTRE ROIS, juftification &, reftitution ne fe font que par la bouche du canon; & que
qui n'a ni troupes, ni poudre, ni canons, eft un impertinent de demander juftification. ou reftitution.

B 4   J'eu-

J'entens, a foudain repartl Pascal *Paoli.*

Que *Cartouche* & *Mandrin,* avec cent autres aſſaſſins, aillent en *Hongrie,* le poignard à la main, qu'ils s'emparent d'un jardin, & diſent: "C'eſt par droit d'héritage " que de ce jardin nous faiſons partage, ce jardin eſt " à nous." Ce jardin eſt à vous, dira *Thèréſe,* il eſt à moi: — oui da! nous avons cent aſſaſſins, un poignard aigu à la main qui vous perceront le ſein, ſi vous voulez diſputer le terrein. Si *Thèréſe* n'a pas cent autres aſſaſſins plus forts, plus ruſés, plus malins, pour chaſ-ſer du jardin *Cartouche* & *Mandrin,* bien entendu que du jardin ils reſteront Souverains.

Tranquille à mon foïer, des aſſaſſins que vous preſ-ſés, ou que vous foudoïés, dans ma maiſon viennent me croſſer, le pain de mes enfans enlever, ma femme forcer, ma fille violer; la bayonnette ſous le nez, mal-gré moi me font jurer à *Thèréſe, Catherine, Frédéric,* fidélité, ſous peine d'être exterminé.

Eh! qu'importent à moi *Thèréſe, Catherine, Frédé-ric?* s'ils ſont ROIS, qu'ils reſtent ROIS. Si le fort dans ma claſſe tous trois les eut placés, & qu'ils euſſent ſeulement de la Chou-croûte volé, à l'échafaut tout uniment fuſſent montés, & de leur coû la Chou-croûte euſſent payé!

S'il n'y a point de pardon pour le peuple voleur, y en a-t-il pour le Roi uſurpateur! la potence doit-elle être pour le premier? & le ſceptre ſeul doit il être ſacré, & le crime par lui conſacré?

" Le premier qui fut ROI fut un brigand heureux:" avec plus de forces *Pugatſchew* eut couronné ſes vœux, les forces lui ont manqué, & il a été écartelé, & dans la mer blanche jetté: Encore quelques milliers de braves comme lui, & *Catherine* de *Pétersbourg* eut été chaſſée, & *Pugatſchew* CZAR eût été proclamé: tous les petits

Ti-

Tirans de Polards eût châtié, & les Esclaves n'eussent
pas été moins fortunés; & si *Pauli*, comme *Poniatowski*
eût eû le bonheur de *Catherine* monter, & d'être sur le
trône de *Pologne* placé, & si les *Sarmates* eussent été
moins hébétés, moins de leurs moustaches entichés,
moins pour l'eau de vie passionnés;... *Pascal* eût Roi
de *Prusse* étrillé, Reine de *Hongrie* froté, & la Czarine
en *Siberie* rélégué.

L'Imperatrice de *Russie* a crié à l'avanie; la Reine de
Hongrie & le Roi de *Prusse* ont demandé réparation de
l'insulte faite à leur nom.

Le Roi de *Suède* a repliqué que des terres d'un vaste
Royaume avoir partagé, de vastes provinces s'être emparé, c'est voler, c'est usurper, que tous trois doivent
être forcés à restituer, tous les torts réparer, tous dépens & dommages payer. Si de la force un Prince se
croit en droit d'impunément user, alors des trônes
plus de propriété, plus de sureté: il peut tous les Etats
piller, tous les Royaumes voler, tous les Empires dé-
membrer, Empereurs & Rois entre ses jambes à la fin
faire passer, & à coups de pied les crosser. Un Roi
qui, à la pointe de son épée a terres conquêté, & qui
en bataille son droit a assûré, est autorisé à garder ce
qu'avec sa lame il a gagné. Mais, trois potentats qui
quelques halebardiers ont envoyé, pour les terres de la
Pologne partager, & qui, sans une seule goute de sang
versé, se croyent légitimés à conserver ce qu'ils ont
hautement usurpé, voilà qui est contre probité, contre
honnêteté, contre tout bon procédé. Que diroient *Thé-
rése*, *Frédéric*, *Catherine*, si quelques Hulands j'en-
voiois, pour en *Hongrie*, ou dans le *Brandebourg*, ou
en *Russie* mes armes planter, & au nom de *Gustave* aux
habitans serment faire prêter?..

B 5   A

A cela, *Thérèse*, *Catherine*, *Fréderic*, vouloient de
mauvaises raisons donner, & le *Grand Turc* silence a
tous trois fortement leur a imposé, & clairement énoncé
que dans un trou tous trois devoient se cacher; que
tous trois ont châtiment mérité; que dans aucun tems,
ni dans aucun pays, de voler il n'a été permis. Alors
tous trois au tribunal ont pardon demandé, & sa clé-
mence ont imploré.

Le Roi de *Pologne* vouloit parler, justice réclamer,
& l'Empereur de *Maroc* nettement lui a déclaré que
par les courroies il méritoit de passer pour avoir à sa
barbe son Royaume laissé partager, sans avoir l'épée
tiré: qu'une quenouille au lieu de sceptre devoit lui être
donnée, & que tous les Magnats de *Pologne* devoient
être sur la claie traînés, puis Knoutés, & sous les
lanières expirer.

Le Roi de *Pologne* s'est mis à pleurer: *Catherine* un
mouchoir blanc lui a jetté, pour ses larmes essuler, &
sans se déconcerter, comme un CANTABRE, *Catherine*
a parlé.

L'IMPÉRATRICE DE RUSSIE.

On dit de moi que j'ai la tête philosophe, que je suis
VOLTAIRIENNE, LOCKIENNE, POPIENNE,
LEIBNITZIENNE, mais que c'est grand dommage
que, si jeune, j'aie été en veuvage, & qu'ensuite j'aie
trempé dans le partage. Du *Turc* maint trophées ai emportés, maintes victoires gagnées, & mon regne par de
beaux traits ai illustré; & si, autant de fois que *Thérèse*,
je n'ai pas publiquement accouché, c'est que trop tôt
Pierre III. ma manqué. Sur le trône je porte la culotte

com.

comme un Roi, & au combat fuis auffi brave qu'en
Hongrois: à Poniatowski mon ami fur la tête la couronne de Pologne ai mis: j'ai fait Potemkin Prince
Romain: à Orlow le balafré de grands biens ai donné:
j'ai l'ame tendre, bienfaifante & fuis toujours reconnoif-
fante. Entre Jofeph & Fréderic la paix ai négotié, la
paix ai cimenté, & à l'Allemagne le repos ai procuré.
A George & à Bourbon j'ai offert ma médiation, & fi je
ne les ai pas portés à réconciliation, à pacification, ce
n'eft pas faute de bonne intention, mais ils ont envie
de guerroier & de beaucoup de monde faire affaffiner.
Pour l'univerfelle félicité aux maritimes Puiffances une
confédération ai propofée, & un code Philofophique
pour la mer ai rédigé: dans tous les fiécles il en fera parlé.

Le Roi de Sardaigne s'eft permis des réflexions que
fous filence nous pafferons: il a comme qui diroit, affez
intelligiblement déclaré que Pierre III. a été bellement
étranglé, & que qui fon trône a perfidement ufurpé,
& qui férocément des ordres a donné pour l'affaffiner,
devoit être SUBITO décrété, pour la mort de Pierre III.
venger.

A ce propos le Roi de Pruffe court a coupé, & bien
au Roi de Sardaigne en eft-il arrivé, fans quoi Catherine à la face lui eût fauté, l'eut égratigné, dévifagé,
peut-être les yeux de la tête lui eut arraché.

Le Roi de Pruffe pour plaufible raifon a donné qu'en
Mofcovie, comme en Turquie, comme en Barbarie, on
eft autorifé à faire égorger, empaler, ou par le cordon
le goût du pain faire paffer à qui ne veut pas à fon devoir fe ranger.

La Reine de Portugal en oraifon & des AVE mar-
motant entre fes deux mentons, alors tout haut s'écria
Mifericordis, & d'un morceau de fermon le tribunal
régala, qui eft du pur Malagrida.

LA

LA REINE DE PORTUGAL.

„ Béni foit Dieu, qui a rendu en moi fa miféricorde
„ admirable!"

*Benedictus Deus, quoniam mirificavit mifericordiam
fuam mihi.* Ps. XXX: 22.

MES CHERS FRÈRES, MES CHÉRES SOEURS,

Celui qui met aux Monarques la couronne en tête, le
fceptre à la main; & dont la fageffe fe joüe à gouverner
l'Univers, *" Ludens in orbe terrarum :"* Prov. VIII: 31.
fe joüe également des Rois qu'il plie comme un jonc,
qu'il brife comme un rofeau, qu'il caffe en fa main comme une allumette. Il diffipe comme la pouffière de
deffus la face de la terre, & fait fécher comme l'herbe
des prés où l'on fait paître les chevaux & les bœufs,
ces Rois, affreufes images d'orgueil, d'impiété, de carnage, qui ne cherchent la gloire que par un chemin
arrofé de fang & de larmes, & dont toute l'ambition
eft de tonner, foudroyer, de tout détruire, exterminer.
Les Rois qui fuivent leurs penchans criminels, qui fe
livrent à la guerre, qui troublent le repos de la terre,
font en abomination à toute nation: ils feront un jour,
SEIGNEUR, Eft-il poffible, la proïe des flammes de
l'Enfer! les Souverains bien mieux feroient d'argent em-
ploïer à Eglifes édifier; qu'à faire leurs peuples tuer,
& leurs ames en enfer envoyer en enragées! Pour moi,
j'aimerois mieux mon Royaume facrifier, & cent Couronnes délaiffer, qu'une goute de fang verfer, & l'indignation du Ciel fur ma tête attirer, & être damnée. Un
Roi qui n'a qu'une couronne terreftre, en doit chercher
une célefte. Un Roi ne doit combattre que pour Dieu,
pour l'exaltation de fon nom, la propagation de fa religion.

gion. S'il s'agiſſoit entre Princes Chrétiens de nouveau
ſe croiſer, pour *Jéruſalem* aſſiéger, la terre Sainte conquêter, & les Infidéles des lieux Saints chaſſer, un million
de Chrétiens duſſent-ils être encore par le fil de l'épée
paſſés, ce ſeroit une guerre ſacrée, que de bon cœur
pour la religion j'épouſerois, & pour laquelle cent millions de Cruſades je conſacrerois! mais, mais,......

Que le Sauveur du monde touche le cœur des Rois,
qu'ils ne cherchent leur gloire qu'au pied de la croix,
qu'ils ſe rendent dignes d'une couronne immortelle, &
de la vie éternelle que je vous ſouhaite,

AINSI SOIT-IL!

Marie ayant ainſi ſermoné, carrière à ſes réflexions
politiques a donné, & dévotement obſervé que tous les
Américains ſont damnés; que ce ne ſont pas de bons
Chrétiens: qu'ils n'ont pas le bon batême: qu'ils n'ont
jamais été par Evêque confirmés, ni par prêtre du monde confeſſés: qu'ils n'adorent pas la bien heureuſe vierge
Marie: qu'ils crachent ſur les *Saints*; qu'ils foulent aux
pieds leurs *Reliques:* qu'ils diſent que NOTRE Sᵗᵉ MÈRE
LA Sᵗᵉ EGLISE eſt une *paillarde:* qu'ils brûlent le *Pape:*
qu'ils ſoutiennent que c'eſt l'*Anté-Chriſt*, la bête de
l'*Apocalypſe:* qu'ils tournent en dériſion la MESSE, le
CANON, la CONFESSION: — que pour avoir le feu
de la guerre allumé; pour s'être contre leur Roi révoltés; ces payens *Américains* ont mérité d'être à leur
malheureux fort délaiſſés; que tous les ports de l'*Europe*
leur doivent être fermés; que tous les Rois qui ſecouru
leur ont prêté; qui aſyle dans leurs Etats leur ont donné;
qui dans cette malheureuſe guerre pour eux ſont entrés,
ne peuvent jamais dans le ciel la gloire de Dieu partager.

Ma-

Marie a terminé par, PAROLE DE REINE, à tous Saints & Saintes jurer, que tous *Américains* qui en *Portugal* oseront mettre le pied, seront par AUTO DA-FÉ brûlés.

Marie ayant en bénie dévote prêché, & assez bêtement disserté, le tribunal à son sermon n'ayant pas trop d'attention prêté; le Roi de *Dannemare* ayant bien sommeillé & ronflé; après avoir cinquante fois baillé, sa tête graté, sa culotte relevé, s'être mouché, comme un ignorant Paysan *Christian* a parlé.

LE ROI DE DANNEMARC.

Tous ces *Américains* sont des faquins qu'on doit mener à coups de bons gros gourdins; ce sont tous vilains qu'on doit relancer dans leurs coins comme de marfouins; ils ont de tout le monde le repos troublé, & par toute l'*Europe* l'allarme jetté; les Rois qui ont donné la main à ces gredins sont assez mal avisés; ils n'ont pas songé que dans quelques années su nez ils vont leur chier. Tous ces *Américains* sont rés pour la terre grater, charette comme chevaux traîner, & comme negres être sanglés. Ce sont des vauriens incapables de tout bien: toutes les têtes couronnées ont injurié, en voulant souverains se former. Armées ces impudens ont levé, monnoye frappé, ministres aux Cours envoyé, traités avec ces Cours ont passé, & au rang des Puissances sans façon & sans permission se sont placés. Quelle impudence! quelle impertinence! & de tous les Rois quelle imprudence de les avoir si loin laissez aller, & encore de ne pas songer à les arrêter! A tous ces Rois un jour le nez feront saigner, & le bal feront danser, c'est moi, *Christian* qui la chose ose pronostiquer.

Le

Le Roi d'Angleterre eft bien fot de ne les avoir pas
tous dans une cage fourrés, & une mufelière à la gueule
comme à des ours appliqué; *Guftave* voyant *Chriftian*
de fi plats propos avancer, la parole lui a coupée, &
ainfi l'a portée.

LE ROI DE SUÉDE.

Dans le nouveau monde une révolution s'eft opérée
pour le bonheur de l'humanité. De tout ce qui des mortels touche la félicité, mon ame Royale toujours eft
pénétrée. De voifines puiffances ont été choquées, &
à *Guftave* tacitement ont reproché de ce qu'à l'efcla-
vage & à l'anarchie, la liberté & un gouvernement modéré il a fubftitué, & de ce qu'en cela la volonté & le
vœu de fes bons fujets il a confulté.

De grandes fecouffes autrefois mes fujets éprouvoient,
parce que de mal intentionnés complots deftructeurs
chaque jour formoient pour la fouveraineté ruiner, ou
abaiffer, & de l'autorité pour eux-mêmes s'emparer. A
la merci de quelques malfaifans Defpotes mes peuples
étoient livrés : le Roi de *Suéde* n'étoit que comme un
pupille imbécile regardé, à qui des tuteurs étoient donnés, & au fanatifme, & caprice des quels il devoit fe
conformer.

Les chapeaux & les bonnets tour à tour mafqués, vendus, livrés, par les Puiffances voifines foufflés, gagés,
en diverfes factions, & par divers intérêts partagés, toujours la paix de la *Suéde* éloignoient, tout dans l'Etat
confondoient, bouleverfoient. Une poignée d'ames fcé-
lérates & venales entre les différens ordres de citoyens
des ombrages femoit, des étincelles de diffention per-

pe-

petuellement souffroit, l'Etat minoit, l'Etat anéantissoit, l'Etat de chaînes chargeoit. Le parti de l'étranger toujours dans mes Etats dominoit, la nation *Suédoise* par son argent corrompoit, par ses menées, ses intrigues de bons loyaux sujets pervertissoit : les corps se balançoient, s'entrechoquoient, & par fois à l'échafaut se traînoient.

La *Suède* dans l'abaissement les Puissances voisines tenoient, & aux yeux de l'*Europe* l'avilissoient. *Gustave* s'est montré : *Gustave* avec un peu de vigueur a opéré : *Gustave* en père a parlé : *Gustave* a annoncé qu'autrement qu'en père sur la *Suède* il ne vouloit regner, ni autrement que comme le *premier Sujet d'un Etat libre* être considéré. C'est à mes peuples à parler, aux Puissances voisines à leur demander, si par mon sceptre gouvernés, ils sont aujourd'hui moins qu'autre fois fortunés, lorsqu'ils étoient à la verge d'une poignée de tirans livrés.

Jamais de Roi il n'a existé qui, plus que moi, ait le despotisme détesté, & la tyrannie abhorré. Un Roi, selon moi, n'est né, & sur le trône n'est placé que pour le bien être de ses Sujets chercher, pour nuit & jour s'en occuper, & pour leur félicité quand il le faut se sacrifier. Voilà les principes que la nature a dans mon ame tracés, & des quels ne veux jamais m'écarter.

La révolution de l'*Amérique* au rapport de toutes les nations d'abord ai considéré, & pour toutes les nations vœu sincère ai formé, que l'*Amérique* son indépendance pût effectuer. Faut-il, ai-je dit, qu'un continent immense soit dominé par un peuple tiran qui domination universelle veut exercer, par tout le globe des loix donner, à tous les Rois, à tous les peuples en imposer? Si sur l'*Europe* d'épaisses ténèbres tout à coup se répandoient ; si dans l'enfance elle rentroit, ou si la décré-

piplitude fes forces diminuoit; fi lérargie, ou confufion; peuples & Rois prenoient; fi l'ufage de la poudre oublioient; fi des canons plus ne fabricoient; — fi dans cet état une Colonie *Maure* nos côtes abordoit: fi poudre, plomb, canons, avec elle portoit: fi par le fer & la flamme tout dévaftoit, tout ravageoit, tout faccageoit, de tout s'emparoit: fi elle vouloit tout exclufivement poffeder, fur tout impérieufement regner, impérieufement dominer, & tous les *Européens* de fers charger:... l'*Europe* feroit-elle d'une telle révolution charmée, à fes deftructeurs, à fes tirans, voudroit-elle des autels élever, à leurs pieds fe profterner, de fes fueurs leurs traces arrofer, d'une bande de fcélérats fon corps d'une verge de fer laiffer fillonner? le genre humain aux vexations, à l'oppreffion jamais les Rois à leur gré ne pourront façonner: & le globe, le créateur n'a pas créé pour être du plus fort tirannifé. Un Roi, un peuple, peut fur d'autres dominer, un defpotifme atroce même exercer, mais fon trône eft tôt ou tard renverfé, & fon fceptre brifé.

L'Empire des mers l'*Anglois* avoit hautement ufurpé: fur toutes les mers feul vouloit regner: fur toutes les mers les peuples faifoit trembler: aux quatre parties du monde la terreur par fes flottes avoit porté: E u r o-p é e n s, A f r i c a i n s, I n d i e n s, A m é r i c a i n s par fes flottes avoit enchaîné: les autres peuples s'étoient oubliés: des Rois foibles, ignares, ou dans la crapule & les voluptés plongés, par de perfides, ou ignorans miniftres confeillés, par l'*Anglois* le mors aux dents s'étoient laiffé pofer. De fuperbes infulaires en politique très rufés, dans leurs intérêts très rafinés, de leur puiffance très fort entichés, voyant Princes & peuples fommeiller, & d'avance les ayant empêtrés, comme le maître de l'*Olimpe* par tout le monde le tonnerre

C &c.

croïoient pouvoir promener, l'univers fulminer, tous
les humains du foudre fraper.

La Providence un incident heureufement a fufcité,
& l'*Anglois* par fon propre tonnerre lui-même s'eſt vû
frapé. N'ayant que fon orgüeil confulté, fur fa puiſ-
fance ayant trop préfomptueufement compté, dans fes
projets hautement s'eſt vû trompé, & grandement humilié.

De la révolution toutes ler Puiſfances doivent fe félí-
citer, & enfemble de concert travailler pour au devoir
rapeller un peuple contre les autres fi obſtiné, fi achar-
né, qu'on le prendroit pour un enragé.

Au tribunal un fait atroce Jois dénoncer qui m'eſt
particulier. Une de mes frégates en pleine mer ces *An-*
glois ont attaqué, au mépris de tout traité, & le capitaine traïtreufement ont aſſaſſiné. Cette action barbare
le tribunal doit murement confidérer & hautement la
venger.

Le Prince d'*Orange* un autre fait a dénoncé qui pour
la rareté eſt des plus finguliers. Sa noble *Alteſſe* plainte
a porté de ce qu'un vaiſſeau *Hollandois* dans le golfe
de *Gafcogne* a éé arrêté, & de ce que l'équipage les
Anglois ont feſſé; que c'eſt contre civilité de graves
Hollandois fur des canons lier, de leurs gros derrières
à l'air du ciel expofer, que leurs cûs pouvoient s'en-
rûmer, & à tour de bras en cette poſture les étrivières
leur donner. Son Alteſſe a ajouté que ces *Anglois* ont
fi peu d'honnêteté qu'ils n'ont pas même daigné, après
avoir fes compatriotes bellement feſſés, fur le cû un
emplâtre leur appliquer.

Le Roi de Suéde au CHIAOUX Prince d'*Orange* a
demandé s'il étoit donc fi hébeté pour à un fait grave
une forife comparer; que fi la chofe eſt avérée, les
FESSEURS pour la première fois font dignes d'être
lou-

loués: que tous les *Hollandois* ont mérité d'être feſſés:
qu'ils font pour la L I E du genre humain par tout le
monde réputés, & pour ne rien autre chofe que l'argent
aimer : —— que lui Roi de *Suéde* voudroit bien en
queſtion pofer ſi pour chacun un ducat, ils ne voudroient pas tous être feſſés: qu'eux *Hollandois* par leur
lacheté, & lui *Orange* par fes fots préjugés vont la
guerre de plus de dix ans prolonger, mais qu'à la fin
heureufement tous les pots caſſés devront payer.

Le Prince d'*Orange* à fa Majeſté ingénument a expofé
qu'il étoit par un vieil Eunuque (*) comme par le licou
mené : qu'il ne pouvoit pas faire fa volonté : que fa
leçon chaque jour lui étoit par cet Eunuque dictée : que
cet Eunuque étoit comme lui du Roi d'*Angleterre* allié:
que tous deux étoient intereſſés de *George* ménager, &
de fa caufe époufer: que lui *Guillaume* avoit depuis dix
ans cent mille hommes demandé pour commander, &
que la République les lui avoit réfufés : qu'avec cent
mille hommes, il fe faifoit fort de la *France* conquêter,
de le Roi à *Verfailles* faire prifonnier, & dans la géôle
de fa vieille cour de la *Haye* l'amener pour toute fa vie
l'y enfermer, & par ainſi la guerre au defir de toutes
les Puiſſances terminer : —— que lui *Guillaume* a du courage plus que l'*Europe* ne peut penfer: qu'il a la niéce
du Roi de *Pruſſe* époufé: que depuis qu'avec *Fréderique*
il a couché, le fang *Pruſſien* il a fucé: que ce fang de
la bravoure beaucoup lui a infpiré: qu'encore depuis
que la cour de *Berlin* il a vifité: que les botes, le grand
chapeau, & le grand fabre de *Frédéric* il a adopté, il
eſt un *Alexandre* tout formé : qu'il veut un jour les
co-

(*) Cet Eunuque eſt Duc de BRUNSWICK-WOLFENBUTTEL,
nommé : de la *Hollande* Feld-Maréchal patenté : un brutal canon,
dit-on, à l'armée fes deux globes a emporté.

colomnes d'*Hercule* plus loin que *Gibraltar* porter, &
dans la carrière militaire cent Rois de *Prusse* surpasser:
que chaque année au mois de *mai*, il a un camp dans
les *Danes* formé: que toute l'*Europe* vient ses manœuvres admirer, la célérité, la légerté, la vivacité de ses
troupes préconiser, sur-tout l'habileté de ses Canoniers
loüer: qu'il prent la liberté de toutes les Puissances,
pour l'an prochain inviter: qu'il est sur qu'elles seront
toutes enchantées: que par les plans qu'il est occupé
avec son MENTOR l'eunuque à rédiger, il veut des
cornes d'âne à *Fréderic* faire porter.

Des sots propos de *Guillaume* tout le tribunal s'a-
musoit: le Roi de *Prusse* seul dans sa peau crevoit:
cent coups d'œil à chaque instant *Fréderic* lui lançoit,
& *Guillaume* toujours ses sotises continuoit.

Le Roi des *Deux Siciles*, comme le Prince d'*Orange*,
de ses troupes entiché, & guère plus que *Guillaume*
sensé, à *Guillaume* a demandé, si pour s'amuser, il
vouloit à *Naples* son camp & ses troupes mener, qu'à
Portici avec ses CADETS son camp & ses troupes il
feroit manœuvrer. Que pour cet effet un prix de cent
doublons d'*Espagne* il proposoit: que lui Don *Ferdinand*, de l'avis de son Conseil avoit décidé de la guerre
à Don *Vésuve* déclarer: que lui *Guillaume* avec ses
troupes & son camp, & lui *Ferdinand* avec ses CADETS
pouvoient avec succès batailler & Don *Vésuve* en bataille rangée en piéces tailler, & bien comme il faut
se signaler.

Guillaume à *Ferdinand* a demandé, si ce Don *Vésuve*
étoit un Empereur, un Roi, un Prince, si redouté; que
de sa vie il n'en avoit entendû parler; que jamais sur
l'Almanac il n'avoit vû au rang des têtes couronnées
Don *Vésuve* placé; s'il étoit en Ducats & en troupes si
bien monté; si ses soldats étoient si bien exercés; si ses
Ca-

Canoniers pouvoient en dix-sept minutes trois coups tirer...

Ferdinand à *Guillaume* pour réponse a donné que sa Majesté *Véfuve* étoit plus que le *Grand-Turc* redouté, plus que l'*Empereur* appréhendé, plus que le Roi de *Pruffe* même célébré; qu'à la première allarme dans le camp de Don *Véfuve* donnée, lui *Ferdinand* avec *Caroline* fa femme dans un bon lit couché, trois fois en chemife de peur s'étoit fauvé; qu'il avoit à fon fer- vice des Canoniers plus qu'aucuns Canoniers du monde renommés; que la fumée de leurs canons mettoit tout en combuftion; que fa Majefté favoit fi bien fes trou- pes ordonner que leur premier feu faifoit cent mille hommes fauver, & que, fans bonnes jambes, ils devoient tous de la vie défefpérer.

Guillaume demandoit fur quels chevaux les Gardes du Corps, les Gardes Dragons, les Gardes à Cheval, les Gardes-*Suiffes* de fa Majefté Don *Véfuve* étoient mon- tées, lorfque le Roi de *Dannemarc* à *Ferdinand* a pro- pofé d'un Régiment de Houfards de la mort à fes dé- pens lever, pour aux troupes de *Hollande* en qualité d'auxi- liaires ajouter. Sur ce, un membre du tribunal que nous nous abftenons de nommer, a objeté que de la mort, on ne devoit pas parler, que les troupes *Hollan- doifes* à ce mot étoient capables de cent lieües reculer. Sur ce, *Guillaume* s'eft emporté, & en frappant fur fes botes a avancé que fes troupes étoient capables de l'en- fer avec lui affiéger, & de *Lucifer* détrôner. Il eft vrai a un autre membre du tribunal ripofté que dans le der- nier camp aux Dunes formé, tous les lapins ont été d'une fi forte terreur panique frapés, que tous, les Dunes ont déferté: fon Alteffe fur une alezanne cavalle monté, de fon grand fabre armé, de fon grand feutre affublé, de pied en cap bien harnaché, bien caparaçonné,

C 3   pour

pour un autre *St. Michel* pouvoit avec raison paffer,
qui le Diable va chercher, pour de fa lance le ventre
lui percer.

Le Roi de *Pruffe* à tout moment les épaules levoit,
& contre fon ignare neveu bien fort juroit.

Le Roi de *Suède* a remonté que fi des fots devoient
pour de fotifes le tribunal troubler, on devoit à l'inftant
le fiége lever, & chacun chez foi fe retirer.

Le préfident *Grand-Turc* a ordonné de cette bête
Orange en *Arcadie* envoyer, pour avec les ânes l'herbe
y brouter.

Le Roi de *Pruffe* pour les fotifes de fon neveu a fupplié, & grace le tribunal gracieufement lui a accordé.

Le Roi de *Suède* a terminé par déclarer que tous les
membres devoient la plus grande attention prêter dans
l'affaire grave qu'au tribunal on alloit agiter : qu'il ne
s'agiffoit de rien moins que du monde les chaînes brifer,
& fes tirans exterminer : que toutes les puiffances devoient une bonne fois enfemble s'accorder, pour l'éternelle
paix au genre humain éternellement procurer. Après
Guftave, le Roi de *Pologne* a parlé, un difcours fi pa-
tétique a prononcé, qu'à quelques membres du tribunal,
des larmes a arraché : plufieurs leur poitrine ont frapé,
& le fort de l'infortuné *Staniflas* hautement ont déploré.

LE ROI DE POLOGNE.

Les Rois font corrompus & les peuples trompés, voilà
le mot : delà le malheur, la ruine de l'homme ; delà la
terre dévaftée ; les nations difperfées ; les peuples affoi-
blis ; leurs domaines perdus ; leur puiffance réelle ané-
antie.

Les

Les peuples toujours opprimés , toujours infortunés ,
du tableau de leurs malheurs toujours environnés : les
Rois toujours abufés , toujours aveuglés , toujours au
mal provoqués : & ainfi toujours du monde la félicité
éloignée.

Le foleil de la vérité du trône toujours eclipfé : les
Rois pour le bonheur de leurs peuples fur le trône placés : & les peuples par leurs Rois, ou plûtôt au Nom
de leurs Rois toujours tirannifés : ô fatalité !

Le deftin pour mon malheur au rang des Rois m'a
élevé ; cent fois plus fortuné, fi jamais fur le trône je
ne fuffe monté ! de mon fang le fceptre de Roi , j'ai
payé. Une ame pure la nature ma donnée ; dans mon
cœur l'honneur eft né : dans mon cœur toujours ma patrie
ai porté : mais ô malheur ! ma patrie ai vû inteftinement
troublée : inteftinement bouleverfée : inteftinement, cruellement déchirée : ô crime ! je l'ai vûe à mes yeux
partager & en quatre fcier ; mes peuples, mes concito-
yens ai vû au fort tirer, & fous trois fceptres étrangers
paffer : j'ai vû l'*Europe* mon nom à l'éternel opprobre
voüer ; fur ma tête tous les anathêmes entaffer : de ré-
gicides affaffins fur ma perfonne le poignard ont levé,
& comme l'innocent *Jefus*, j'ai été publiquement bafoüé,
dans la boüe ignominieufement traîné, & un moulin ma
vie a fauvé. Si comme *Jefus* fur une croix je n'ai pas
expiré, comme *Jefus* mon fang ai verfé, & de mon fang
la terre ai arrofé ; & plût au Ciel que par l'effufion
de tout mon fang mes péchés, mes crimes, & ceux de
mon peuple, aux yeux du Ciel j'euffe pû dignement
expier.

A ces mots le cœur de *Staniflas* preffé, des larmes
de fes yeux ont coulé : l'Impératrice de *Ruffie* affligée,
fon tendre cœur auffi preffé, vouloit fe lever, pour fon
cher *Staniflas* embraffer, le confoler ;.. mais le *Grand-*

Turc un regard menaçant lui a porté, & *Catherine* tranquille à fa place eft reftée.

Staniflas ayant fes pleurs étanché, ainfi a continué.

Les Puiffances avec des yeux fecs & un cœur infenfible ont regardé le partage que TROIS TÊTES ont ofé à la face de l'univers confommer. *Staniflas* feul pouvoit-il s'oppofer au complot le plus irique, qui, jamais, depuis *Judas*, ait été formé ? quelle eft du Roi des *Sarmates* la puiffance, & quelles forces lui font données, pour qu'il puiffe de fes voifins les forces audacieufes repouffer! fi le Roi de *Pruffe* à ma place fe fût trouvé : la vaillance de *Frédéric* eut-elle plus que la prudence de *Staniflas* opéré? fi j'ai eu tant de modération, c'eft pour que mon regne ne fût pas marqué du fang & du carnage de ma nation. Dans le filence amérement j'ai déploré de ma patrie la fatale deftinée ; des ruiffeaux de larmes ai verfé, mon fort au Ciel cent fois ai reproché ; fur ma tête feule la vengeance du Ciel cent fois ai provoqué ; du calice d'amertume jufqu'à la lie mon ame a été abreuvée, & de cent coups de poignard mon ame eft à chaque minute percée.

Que pourra la poftérité à la mémoire de *Staniflas* reprocher ? que fous fon regne, " les laches *Polacres* fe font laiffés par les *Impériaux* baftonner, par les *Pruffiens* enrôler, par les *Ruffes* hacher.." mais le bras de *Staniflas* eft-il fi redouté qu'il puiffe à trois formidables Puiffances à la fois en impofer, & toutes trois à la fois les terraffer? fi du tonnerre fon bras étoit armé : fi à fon gré le tonnerre pouvoit lancer : & fi fon bras ne vouloit fulminer, tous les anathêmes des contemporains & de la poftérité *Staniflas* pourroit mériter. Mais le *Sarmate* n'ayant ni forces, ni vigueur, ni courage, croit qu'il fuffit d'être chrétien, & refter neutre entre fes voifins & fes *Palatins.* Qu'on lui donne du bran-

de-

(41)

devin, du Roi de *Pruſſe*, du *Maroc*, il baiſera la main, tout comme d'un *Chinois* MANDARIN.

Si du reproche de l'*Europe* aux yeux des Puiſſances *Staniſlas* n'eſt pas encore lavé, ſon cœur à la face du Ciel & de la terre peut atteſter, avec vérité, que jamais au partage les mains il n'a donné, que dans un ſi atroce deſſein jamais il n'a trempé, & au ſurplus qu'à *Staniſlas* ſes peuples ne peuvent rien reprocher.

Ici, tous les membres du tribunal muets ſont reſtés; tous occupés à ſe fixer, ſe regarder, pas le petit mot ſouffler. *Paoli* ſeul enhardi, la voix a élevé, & hautement & fortement repréſenté qu'on devoit aux trois Puiſſances copartageantes le procès entamer, & proviſoirement la Reine de *Hongrie* dans *Spandau* enfermer; le Roi de *Pruſſe* à la *Baſtille* envoyer; l'Impératrice de *Ruſſie* à la tour de *Londres* carcérer, & ſur le champ comme aux TROIS ROIS, à tous trois les fers aux pieds & poings appliquer; au pain & à l'eau les faire jeuner, & comme il faut les diſcipliner, juſqu'à ce qu'ils ayent reſtitué les provinces de la *Pologne* qu'ils ont comme brigans, voleurs de grand chemin, volé, volé, volé.

Le Roi de *Pruſſe* vouloit parler; l'Empereur de *Maroc* lui a déclaré que s'il vouloit raiſonner, ſoudain il le feroit eſtrapader. l'Empereur *Joſeph* dans la défenſe de ſa mère vouloit entrer, & le Roi de *Sardaigne* au nez lui a appliqué, que s'il vouloit outrepaſſer, à l'inſtant il alloit ordonner du tribunal le faire chaſſer. l'Impératrice de Ruſſie au Roi de *Pologne* a reproché de s'être ſi fort emporté, d'avoir les choſes ſi au net expliqué, d'être dans des détails critiques entré, &c. & *Staniſlas* les jeux a baiſſé, & vis-à-vis de *Catherine* ſes torts a avoüé (*).   A

(*) ô Humanité! qui une fois avec femme a couché; qui une fois du profond a tâté, dans ce profond eſt toujours empêtré; & par rapport au profond n'oſe parler.

C 5

À l'inftant boucan au tribunal alloit fe lever, lorfque
le *Grand-Turc* fon autorité a interpofé. À l'interprète
Ba-ba-bou fa HAUTESSE figne a fait de s'approcher:
Ba-ba-bou ventre à terre aux pieds du préfident s'eft
trainé, & le *Grand-Turc* à l'oreille fes volontés lui a
expliqué... *Ba-ba-bou* bien abouché, tout le tribunal
ainfi a helé:

Paix, filence, filence & paix!

" Le *Grand Seigneur* préfident a ordonné que, les
trois Puiffances qui la *Pologne* ont partagée, pour félonie
feront jugées, & leur procès, après celui des TROIS
ROIS entamé & parachevé."

Le Roi des *Deux Siciles* affez impatienté, & fon tour
de parler arrivé, *Ferdinand* le tribunal a ainfi apoftrophé:

LE ROI DES DEUX SICILES.

Il y a parmi les Puiffances une foibleffe caractérifée!..
fi tous les Rois comme moi étoient organifés, en vingt-
quatre heures ils feroient enfemble croifés pour guerre
déclarer, & jufqu'à la dernière goute du fang de leurs
peuples verfer, pour à la raifon amener ces Rois infen-
fés, qui continuellement occupés à la paix du monde
troubler, d'ambition dévorés, voudroient Monarchie
univerfelle fonder, & tous les Monarques de l'Univers
aux pieds fouler. Le Roi de *Pruffe* a mérité d'être
comme il faut châtié: la Reine de *Hongrie*, quoique ma
belle-mère, devroit être pour fa vie dans un couvent
enfermée, pour fes péchés pleurer, & le vol de la
Pologne expier: l'impératrice de *Ruffie* devroit être rafée,
entre quatre murailles fourrée, pour avoir le branle
donné, & au partage les deux autres Puiffances excitées,

ap-

appuyées, & avoir à un larcin manifeste de son autorité le premier sceau apposé.

Les *Anglois* n'ont pas moins mérité d'être tous suppliciés pour avoir toutes les loix violé; avoir sur toutes les mers piraté; avoir aux autres Puissances aussi territoire volé, de Royaumes, Iles, provinces, villes, villages, s'être sans honte emparé; & avoir présomptueusement imaginé que tous les peuples du monde étoient nés pour leur servir de marche-pied. Si *Charles* mon père ne m'eut pas déconseillé j'eusse quelques milliers de galères armé pour l'Océan balayer, & tous les *Anglois* en chasser. Qu'ils prennent garde de ne pas trop m'irriter, de ne pas mou'arde en tête me faire monter, car je pourrois, moi *Ferdinand*, mes forces ramasser, & un autre *Invincible Armada* (*) dans leur Ile *Bretonne* envoïer, & comme il faut tous ces colons peigner!

Louis & *Charles* ont les *Anglois* trop ménagé: si moi j'eusse le trône de *France*, ou d'*Espagne*, occupé, il y a long-tems que la dernière tête *Bretonne* j'eusse coupé: tous les *Anglois* j'eusse lardé, embroché, & au fin fond des Enfers ces hérétiques Diables précipité.

Ferdinand alloit outrepasser, lorsque le Roi de *Sardaigne* poliment son neveu a prié de s'arrêter, & lui a sagement remontré qu'il n'est pas toujours bon d'avancer ce qu'en soi on peut penser: & qu'il convient à un Roi des *Deux Siciles* d'être plus modéré, & pas si fort emporté. *Ferdinand* son oncle a écouté, & prudemment silence a gardé, & *Victor-Amédée* en ces termes s'est exprimé,

_____

(*) Nom de la fameuse flotte de *Philippe II*, Roi d'*Espagne*.

LE

LE ROI DE SARDAIGNE.

C'est envain qu'un bon Prince pour la paix des vœux peut former : la terre est toujours au monstre de la guerre livrée , & plus que jamais le théâtre d'un monde de nos jours est agité. Les Etats sont ébranlés : les Royaumes partagés ; les Nations déchirées, les peuples des Rois secoüent l'autorité. Partout troubles, factions, divissons , confusion , révolutions , mouvemens , secousses, agitations ; les Puissances se défiant les unes des autres, s'armant les unes contre les autres : l'univers presque entier devenu une place d'armes : chacun cherchant de son côté à se dépoüiller, se ruiner, dans le sang de son voisin se baigner. C'est un spectacle nouveau dans le monde de voir la politique moderne guerre entamer, sans la déclarer, de terres s'emparer, sans avoir droit de les posséder : partout les Souverains occupés à se dépossèder , ensemble leurs forces mesurer , & partout du sang des mortels la terre arroser , & aussi occupés à des chaînes aux peuples apposer , & les peuples travaillant à les briser : quelle manie du monde s'est emparée !

Aujourd'hui si un Prince meurt, le voisin veut profiter de sa dépouille , & frustrer les vrais héritiers. J'ai été moi *Victor* confondu , lorsque j'appris, il y a deux ans, qu'un Empereur qui prétend au titre de grand, de sage & de juste, troupes avoit fait marcher, pour d'un grand district de la *Bavière* sans droit, ni raison s'emparer.

Un Prince de *Lorraine* comme *Joseph* , & un *François* de *Lorraine* son père , par de la *France* sotise, & des autres Puissances pitié ou débilité, Empereurs couronnés, ont ils au *Corps Germanique* des loix à donner, ont ils aux terres *Germaniques* des prétentions à former ?

des

des Princes *Autrichiens* nom & armes les *Lorrains* ont
ufurpé : mais, comme on l'a déja bien clairement déclaré, c'eft toutes chofes volées ?...

La *Pologne* fans honte, ni pudeur, trois Puiſſances
ont partagé : & fans façon de vaftes provinces à leur
bienféance fe font appropriées. Des *Corfes*, malgré eux
le Roi de *France* fouverain s'eft déclaré : en *Pologne* &
en *Corfe*, les peuples qui leurs droits vouloient protéger, de rebelles ont été traités, & aux potences acrochés : quelle inhumanité !

Il y a parmi les Puiſſances une morale, mais c'eft
celle des loups : il y a parmi les Souverains des loix,
mais ce font celles des lions : cette morale & ces loix
ne fauvent point les agneaux. Autrefois, on comptoit
parmi les hommes, & ceux qui menent les hommes,
de la raifon, des régles, des procédés, de l'équité;
aujourd'hui c'eft tems perdu d'en parler : on peut de
tout abufer : toute morale à fon gré interpréter, toutes
loix impunément bouleverfer, quand on a trois cent
mille hommes à commander.

On ne doit pas demander fi les nations font civilifées,
mais fi dans la barbarie, elles ne font pas retombées :
on ne doit pas s'informer fi les Rois font fenfés, mais
fi la tête ne leur a pas tourné.

Ce fiécle de l'*Europe* dans tous les fiécles fera marqué : il eft par de tels événemens caractérifé, que fi ces
événemens n'étoient pas au fceau du fiécle marqués, on
pourroit croire que dans un autre monde ils fe font
paffés.

Dans des fiécles tumultueux les nations fe font trou-
vées, mais dans aucun fiécle elles n'ont été fi fort agi-
tées, fi fort fécouées, & dans aucun fiécle plus de fang
n'a été verfé, car dans tous les coins & recoins du
monde le foudre de guerre a été porté.

Quand

Quand Peuples & Rois se feront bien ensemble remués, agités, secoués, choqués, heurtés, ébranlés, la fin du monde, faut croire, nous verrons arriver

Au Roi de *Prusse* en partie on doit attribuer le monstrueux système que les Puissances ont adopté. Depuis qu'en *Silésie* la maison d'*Autriche* il a supplanté, tous les Rois sur son exemple se sont modélés. A un jeune Lion des leçons il a donné: c'est de *Joseph* dont je veux parler, & il paroît que ce *Joseph* de *Fréderic* n'a pas mal profité; laissez *Thérèse* en terre une fois porter, & vous verrez *Joseph* se démener.

Ce *Joseph* dont les pères n'ont pas plus qu'un Prince *Waldeck* parmi les Puissances figuré, pour avoir été dans un trou *Autrichien* moulé, se croit comme un *Charles-Quint* fondé à monarchie universelle former, & à tous Rois chaînes forger; copie de son porte feuille m'a été envoyée. les choses y continues ai murement examiné; discuté, pesé, & d'après sérieuses réflexions ai décidé, que si *Thérèse* vient l'on i à fermer, de la tablature aux Puissances *Joseph* va donner: le petit *Alexandre* il voudra jouer, & comme *Alexandre* pour un immortel passer: c'est aux Puissances de bonne heure à se précautionner, & ne pas se laisser les ongles rogner par un Prince qui, autrefois, n'eut été que pour très petit Duc de *Lorraine* regardé. Si un Prince d'*Anhalt*, ou de quelque *Hesse* avec sa mere eut couché, Empereur comme *François* eu été couronné, & il n'en auroit pas moins été, sinon que *François* & *Joseph* seroient Princes de *Lorraine* restés.

Oui, c'est ce Roi de *Prusse* qui ce *Joseph* a formé, qui toute morale au monde a bouleversé: qui une nouvelle politique a enfanté, à la quelle *Machiavel* un supplément n'oseroit ajoûter: qui aux Cabinets & aux armées nouvelle face, nouvelle forme a donné: c'est lui

qui

qui eſt cauſe que, depuis quarante ans, l'univers a de
maximes changé , & que , depuis ce tems , toutes les
Puiſſances ſont ſur leurs gardes reſtées, & que crainte
de ſurpriſe, cent mille hommes armés ont conſervés;
ce qui, au ſein de la paix, guerre aux humains vient
toujours repréſenter: l'art meurtrier de la guerre il a
perfectionné : par ſes marches, ſes évolutions de neufs
ſoldats a créé, de neuves jambes (*) leur a donné,
comme des cerfs les a fait troter, pour plus vite
en bataille rangée ſe faire tuer: par ſon eſprit, ſa
malice tous Rois a ſurpaſſé & à tous des leçons leur a
dicté.

J'ai pour *Fréderic* grande vénération & reſpect très
profond : il a de très bonnes qualités que dans un Roi
on doit louer , & qui dans tous les ſiécles ſeront exal-
tées ; mais ſi *Fréderic* ne fut pas né , peut être que le
genre humain n'eût pas été ſi infortuné , des guerres
ſûrement à l'*Europe* il eut épargné , & moins de ſang
eut été verſé: ou ſi un génie moins guerrier, moins au
démon de la guerre porté, la nature lui eut donné, avec
juſtice pour le ſecond *Salomon* , *Fréderic* eut pû être
compté.

Fréderic de ſon compliment *Victor* a remercié, & très
éloquemment *Fréderic* a parlé.

(*) Le Roi de *Pruſſe* a changé les principes de la guerre, en
donnant, en quelque ſorte, l'avantage aux jambes ſur les bras; c'eſt-
à-dire, que par la rapidité de ſes évolutions & la célerité de ſes
marches, il a toujours ſurpaſſé ſes ennemis, lors même qu'il ne les
a pas vaincus. Toutes les Nations de l'*Europe* ont été forcées de
prendre ſes leçons, pour ne pas ſubir ſon joug. HISTOIRE
PHILOSOPHIQUE.

L B

LE ROI DE PRUSSE.

Des torts toute l'*Europe* m'a donné : pour un ufur-
pateur, pour un faux monnoyeur toute l'Europe m'a fait
paffer : j'ai eu le nom d'avoir feul le partage de la
Pologne machiné, & par la crainte que j'ai infpiré, d'a-
voir feul l'affaire confommé; d'avoir une nouvelle politique créé plus que celle de *Machiavel* rafinée; d'avoir
de nouveaux fyftêmes de guerre enfanté, d'avoir toutes
les Puiffances obligé, de ces fyftêmes embraffer, fous
peine d'être par moi toutes fubjuguées : & *Victor* au rang
de *Salomon* vient de me placer; & on dit de moi que
depuis *Alexandre* de Roi il n'a exifté qui, plus que moi
ait mérité d'être loué, d'être exalté, & au rang des Dieux
placé : que j'ai mon nom à mon fiécle attaché, qu'il
peut avec les plus beaux fiécles en rivalité entrer, & à
tous en grandeur le difputer : que mes huit luftres de
regne peuvent être aux cent-foixante huit glaces du miroir
d'*Archimède* comparés, & qu'au dixième luftre au moins
je mérite d'arriver, pour que jufqu'à ce tems, le monf-
tre de la guerre puiffe être dans les deux tiers de
l'*Europe* par moi enchaîné.

Dira-ton que mes peuples comme les autres Rois j'aie
tirannifés, que par la crainte de puiffances inconnues,
d'un Dieu inconnu, d'un enfer forgé, d'un purgatoire
controuvé, de cent mille autres fotifes par malice inven-
tées, j'aie cherché à mes peuples opprimer, mes peuples
lacérer, mes peuples macérer ? Je ne m'en cache pas :
j'ai été de ma puiffance créateur, & de ma nation légiflateur. Mes peuples j'ai dans le bon chemin conduit,
& ne les ai pas comme tant d'autres afservis.

Quelque jufte que foit d'un Roi le commandement, il
eft toujours fujet à des inconveniens, un *St. Frédéric*
foudain au monde appareteroit ; un *St. Louis* naîtroit

que

que la conduite on critiqueroit, que ses démarches on censureroit.

Je ne demande pas que mes vertus soient voilées, ni d'un faux zèle honorées ; crime ou vertu, peu m'importe, c'est un nom : de mes peuples la félicité toujours ai cherché, & non un vain éloge brigué : que la terre soit ébranlée, le ciel culbuté, l'enfer sans dessus dessous versé ; *Frédéric* toujours je serai, & pour *Frédéric* II. toujours dans l'histoire aux yeux de la postérité je passerai. Si dans le ciel je n'ai pas le bonheur d'entrer, dans un autre monde place j'occuperai : qu'avec *Voltaire* en enfer cent millions de siècles je puisse philosopher, voilà la félicité que mon cœur a toujours défilée.

Paoli à demi enragé, & contre les Rois fort emporté, à *Frédéric*, comme par parenthèse, un petit sarcasme a lancé. Comme le Roi de *Prusse* aime tant à philosopher, à raison de philosophie, *Paoli* lui a demandé pourquoi à sa sote & impertinente Académie, si sote & si impertinente question il a laissé, à la face du monde, si sotement & si impertinemment proposer.

Pascal a très ingénieusement observé que les *Illustres* de son licée illustre, qui en question ont posé, " S'il „ *est utile au peuple d'être trompé*," (*) ont sa majesté gros-

_____

. (*) Question extravagante, proposée pour prix, l'année dernière, par l'Académie de *Berlin*, insultante, déshonorante pour tout le genre humain.

On dira, c'est une question : mais par question, on ne doit pas se foutr——e du genre humain ; qu'en pensez-vous *Frédéric*?

Que les peuples soient trompés, à la façon des *Russes* vous les verrez aux armées dans les rangs ennemis se précipiter, une mort prompte chercher, dans les bayonnettes s'enfiler, pour dans le Ciel être transportés : — ou comme le *Turc* son tiran remercier, lui-même se glorifier, de ce que par le cordon il est étranglé, &
. . . qu'.

D

grossiérement insulté, l'univers outragé, l'humanité dés-
honoré : — que ces ILLUSTRES auroient tout aussi
bien fait de proposer, s'il n'est pas utile au peuple d'être
étranglé, encore mieux, s'il ne seroit pas utile au
peuple, que dans le cœur des Rois un coup de filet
par fois fut porté : — son Excellence a ajoûté que
Messieurs les Illustres ont mérité de, par le cordon,
un

qu'auffi tôt les délices d'*Eden* il va posséder avec cent mille béautés :
— ou comme des fanatiques par un *Gordon* menés, au fein de leur
cité la torche ardente porter, même dans le cœur de leurs conci-
toyens le poignard enfoncer, pour leur religion venger, le falut
de leurs ames affûrer !

Que les peuples foient trompés : & vous verrez les Rois, leurs
peuples comme troupeaux mener, en tas les ramaffer, les entaffer,
à leur gré les disperfer, pour dans les boucheries de la guerre les
faire égorger, ou pour fur les flottes & dans les Colonies à petit
feu les faire crever !

Que les peuples foient trompés : la vie d'un Etat en deviendra la
mort : ni les terres, ni les hommes ne pourront profpérer. Les
Etats à leur diffolution iront fe précipiter, ce fatal démembrement
hâter, qui, toujours du maffacre des peuples & des tirans eft précédé !

Que les peuples foient trompés : & l'on verra les peuples à l'a-
trocité fe porter, leurs armes dans leur fang tremper, dans leur fang
aiguifer, s'attaquer, fe provoquer, fe détruire, s'égorger, s'exterminer, fe mutiler, fe dévorer !

Que les peuples foient trompés : qu'un fecond *Cromwel* en *Angleterre* foit né, & le fang de *George III.* comme celui de *Charles I.*
l'échafaut ira arrofer !

Que les peuples foient trompés : & les *Pruffiens* par leur Roi foulés,
ou les *Heffois* par leur boucher de Landgrave comme bétail pour
argent livrés, leurs maîtres iront écharper, & en piéces couper !

Que les peuples foient trompés : & l'on verra les fiécles de nouveau dans le fang & le carnage des nations s'écouler, le fang humain
par tout par flots verfé, par flots par-tout ruiffeler.

Dieu de la nature, veux-tu que les peuples foient trompés ! non, tu
as gravé dans les ames généreufes, dans tous les Efprits fublimes,
dans

un joli quart d'heure paſſer : qu'à *Conſtantinople*, à *Maroc*, de bien bon cœur elle ſouhaiteroit que, pour leur bien, tous les ILLUSTRES eſclaves feroient, que là leur ſote tête d'un coup de cimeterre on fît ſauter, & qu'alors ils nous diroient *S'il eſt utile au peuple d'être trompé.*

Son

dans le cœur des peuples & des Rois éclairés, que c'eſt un bonheur de ne pas être trompé.

Eh! faut-il que les peuples flétris, à leurs propres yeux avilis, aux pieds de leurs maîtres enchaînés, par des coups d'autorité ſans principes & ſans bornes, aux verges de leurs deſpotes livrés, tour-à-tour trahis, vendus, dépouillés, ſoient par leurs tirans criblés, vannés, preſſurés, dévorés! faut-il que ſur la tête du peuple trompé par le ruſé Deſpote la hache ſoit levée: qu'il doive ſes chaînes baiſer, ſes tirans adorer, des temples & des autels à des monſtres ériger!.... plûtôt leur cœur du plus aigu poignard percer, ſous les débris des trônes tous les Rois écraſer, & dans le plus profond tartare leur ame ſcélérate précipiter!

Fréderic à ſon tour devroit en queſtion poſer, *S'il ne ſeroit pas utile des dents du Dragon ſemer*, pour des ſoldats enfanter, & à la guerre ſous les drapeaux d'un Roi de *Pruſſe* aller s'égorger.

O tendre paſteur de *Cambrai*! ô bon Abbé de St. *Pierre*! ô ſenſible *Raynal*! venez donc prendre des leçons à l'Académie, vos divins ouvrages ſont faits pour éclairer les peuples trompés, les ſcélérats débandés, les Rois qui ne valent pas mieux: votre tems eſt perdu, votre peine vaine, vos travaux, vos veilles ſont inutiles; allez, allez au licée, à *Berlin*, là vous apprenderez votre A. B. C. C'eſt envain que vous vous êtes occupés à les nations ſur leurs Intérêts illuminer, à leurs yeux deſſiller, à des contemplations utiles les attacher; d'oiſeux ILLUSTRES ont oſé à la face de l'univers propoſer, *S'il n'eſt pas utile au peuple d'être trompé?*

Mais conſolez-vous, vos noms ſeront dans tous les ſiécles prônés; dans tous les ſiécles vos cendres ſeront révérées; mais les noms de ces êtres bas, rampans, méchans, ſeront dans tous les ſiécles bafoués, & leurs cendres aux pieds ignominieuſement foulées!....

D 2

Son Excellence a fur-ajoûté que fi fa Majefté étoit moins éclairée, elle croiroit que les ILLUSTRES ont voulu la berner; mais qu'étant auffi illuminée, elle étoit étonnée, que pour leur impertinence, tous les ILLUSTRES fa Majefté n'eut pas fait par les baguettes paffer.

Paoli n'a pas manqué de demander, fi fa Majefté n'a pas clairement remarqué qu'en fix, ou fept mots l'Académie là bellement coïonnée: ou que fi avec connoiffance de caufe, fous filence la queftion *Fréderic* a laiffé paffer, la tête à *Fréderic* commence à tourner, & que bientôt en enfance *Fréderic* va rentrer.

Son Excellence a déclaré que fi un *Ruffe* Boïard, ou un *Polacre* Magnat la queftion eut propofé, de bon cœur la leur eut pardonnée; mais que, de la part des ILLUSTRES fotife pareille ne pouvoit digérer.

Que les ILLUSTRES, difoit *Paoli*, demandent à un *Louis* XV. à un *Jofeph* de *Bragance*, dans le fein des quels le *Jéfuitifme* le poignard a porté, s'il a été utile pour eux que *le peuple foit trompé*; Meffieurs les fots diront que *Louis* & *Jofeph* font morts, & que, fi non par miracle, ils ne fauroient parler: mais, s'ils font morts qu'il les faffent reffufciter; ils font Académiciens & ILLUSTRES, ils doivent avoir plus d'efprit que les autres, mais quoiqu' ILLUSTRES & Academiciens, ils ne font peut-être pas encore affez forciers, pour le fait opérer; ils peuvent d'impertinentes fotifes propofer, & puis aller coucher, tout pour eux eft confommé.

Deux exemples vivans on peut citer, difoit encore *Pascal*, que, pour l'alternative, à leur fote queftion, les ILLUSTRES peuvent adapter. Le Roi de *Pologne* vivant, & l'impératrice de *Ruffie* auffi vivante, ils doivent confulter; l'un pour la négative, l'autre pour l'affirmative les entendront-ils peut-être prononcer.... *Staniflas* dira qu'ayant été comme affaffiné par le peuple trompé, il

eft

eſt très nuiſible qu'il ne ſoit pas éclairé : *Catherine*, qu'ayant, par la mort de Pierre III. en *Czarine* regné, il eſt utile par fois que le peuple ſoit trompé : — qu'à *quelque choſe malheur eſt bon*, comme dit la chanſon.

Paoli à *Frédéric* clairement a déclaré que ſi ſes ILLUSTRES n'ont pas de moins impertinentes & choquantes queſtions à propoſer, que ſoudain ils doivent boutique fermer, pour ne plus l'humanité déshonorer ; — En fait *Pascal* a poſé que ſi le peuple de *Berlin* s'étoit attroupé : ſi les vitres de l'Académie eut caſſé, les portes briſé : tous les Seigneurs Académiciens lapidé : que *Ramin* le peuple eut fait fuſiller ; quelqu'un des ILLUSTRES qui auroit en l'œil poché, bras ou jambe caſſé, eut pû témoigner avec vérité, *S'il eſt utile d'être trompé* : que dans l'affirmative, on doit ſoudain toutes les bibliothéques incendier, tous les livres brûler, tous les Académiciens de *Berlin* & d'ailleurs, dans la fournaiſe ardente jetter, dans la foſſe aux lions les enfermer, ou avec leurs peaux & leurs os un bon feu allumer pour tous les bouquins conſumer (*).

Son Excellence a terminé par décider que les ILLUSTRES ont mérité d'être aux carrières envoyés, pour pierre, ou plâtre portèr, ou au moulin du meûnier de *Cuſtrin* (†), pour à ſa place faire moudre le grain.

Fré-

(*) Les Académies en *Europe* inſtituées pour l'*Europe* éclairer, ſon bonheur avancer, ne ſemblent de nos jours occupées, qu'à ſe déshonorer, & vivans & morts inſulter. Les ILLUSTRES de *Berlin* peuvent à d'autres ILLUSTRES la main donner, mais leurs ſotiſes dans les ténébres doivent étouffer, & non les peuples au grand jour en enfiler.

(†) Au ſujet du meûnier affaire drole à *Berlin* s'eſt paſſée : un maitre meûnier plainte a portè que ſon Heer du moulin eau avoit
dé-

Fréderic parole a donné qu'il feroit aux ILLUSTRES
fotifes défavouer, & à l'univers pardon demander (*).

A *Fréderic* fon Excellence ayant la parole coupé, de
faits graves lui ayant été, en face, violemment repro-
chés, *Fréderic* tant bien que mal a tâché de fe laver.

Quelle injuftice atroce, a dit *Fréderic* : toutes les
calamités, tous les fléaux du monde à moi font impu-
tés : & ma philofophie de celle de *Julien* raprochée;
ma fageffe à celle du plus fage des Rois comparée; ma
valeur à celle du plus grand héros affimilée , n'ont pu
du reproche me fauver d'avoir à tous les Rois des leçons
donné, pour leurs peuples plus vîte, & plus adroite-
ment faire tuer! C'eft un jeu que la guerre; ce n'eft
pas moi qui l'ai apportée en terre: Il y avoit guerre
avant moi, & il y en aura, j'efpère après moi. Il faut
bien guerroïer, batailler, pour les Rois amufer, & le
tems

détmrné; que foute d'eau, moulin ne pouvoit mouliner, que par
ainfi redevance à fon Heer ne pouvoit payer. Chofe en juftice ayant
été examinée, & par experts vérifiée, a été trouvé, que moulins
au deffous d'eau n'avoient pas manqué, par ainfi que moulins au
deffus pouvoient mouliner; par ainfi que mere meûnier avoit à tort
procès intenté: procès perdu, meûnier à *Fréderic* s'eft adreffé;
Fréderic juges a mandé, & en bon *François* leur a déclaré que
c'étoit des Coquins qui fe donnoient la main; qu'ils avoient mérité
d'être à potence acrochés. A *Fréderic* moutarde en tête étoit montée,
& SUBITO juges a condamnés en forterefle un an refter. Il eft des
Rois qui par fois-devroient être châtiés, pour s'abufer, ne pas
s'éclairer, fe laiffer tromper, fotifes perpéter, & de leur autorité
mal ufer.

(*) *Fréderic* en Citadelle a fait cloîtrer les juges du meûnier,
& à la brouette les ILLUSTRES n'oferoit pas envoyer; parce que fon
règne étant par les ILLUSTRES aux Cent-foixante- & huit glaces du
miroir d'Archiméde comparé, étant par les ILLUSTRES chaque jour
encenfé, panagérique, *Fréderic* s'attend à être par eux éternifé.

tems agréablement leur faire paſſer: il faut faire la guerre pour former des militaires: le monde eſt d'ailleurs trop peuplé, il faut bien en tuer pour que le pain ſoit à bon marché. Cinquante mille hommes par le fil de l'épée paſſés, cinquante mille par bayonnettes enfilés, cent mille par le canon emportés, cent mille dans la mer en vaiſſeaux noïés, trois cent cinquante mille en ſus aſſaſſinés, & trois cent cinquante mille encore égorgés; n'eſt pas ſi grand' affaire. Un million d'hommes tués, ou noïés eſt peu de choſe auprès de cent millions d'ames que peut contenir l'*Europe*. Tuer des hommes, ou des mouches, c'eſt le même: qu'on en tûe tant qu'on veut, çà vient tout ſeul & ne coûte rien. Un cheval éreinté eſt bien plus à regreter que cent mille hommes tués.

JESUS-MARIA! à ces mots la Reine de *Portugal* s'écria. Un cheval n'a pas le batême, un cheval n'a pas d'ame à ſauver, un paradis à gagner, un enfer à appréhender; au lieu que cent mille pauvres créatures à l'image de Dieu créées, de raiſon doûées, puis batiſées & confirmées, à la guerre DE PAR LE ROI envoïées, puis tuées, ſont infailliblement damnées, au moins au PURGATOIRE condamnées pour peut-être cent millions d'années, pour n'avoir pas eû le tems en bataille rangée, d'être confeſſées, viatiquées & extrém'-onctionnées. Encore, ſi ces Rois avant de bataille livrer, avoient le ſoin de donner le tems à leurs ſoldats de confeſſer, de communier, de leur ame à Dieu recommander, alors de leur ſalut, on pourroit ne pas tant déſeſperer; mais, bon Dieu! ces Rois n'ont pas de religion, ils ſe battent comme les *Hurons:* ils l'ont l'ame auſſi noire qu'un charbon. Encore, encore, s'ils avoient l'attention de faire chanter une meſſe de *Requiem* pour le repos de l'ame *defunte* des pauvres trépaſſés, bien feroient-ils: mais, Seigneur! ils n'ont pas tant de pré-

cau-

caution. Il faut, mon Dieu! que l'enfer foit d'ames
d'Empereurs & de Rois pavé, ou qu'en PURGATOIRE
elles foient comme harengs entaffées.....

La Reine de *Hongrie* feule s'eft excufée, & à *Marie*
a confirmé qu'aux CAPUCINS de *Vienne*, elle avoit
par chaque année cent mille *Meffes* à perpétuité fondées,
pour le repos de l'ame des *Houfards*, *Pandours*, *Croa-
tes*, *Cravates*, qui fur le champ de bataille leur corps
avoient laiffés, & dont les ames au fon des tambours
dans l'autre monde s'étoient envolées.

Marie de Thérefe la Religion a exalté, & déclaré que
fon Confeffeur *Jéfuite* lui avoit affuré, que jamais Prin-
ceffe plus pieufe que *Thérefe*, fur le trône de *Hongrie*
n'étoit montée.

Le Tribunal ayant cet hors de propos, par politeffe
envers des femmes, laiffé paffer, *Fréderic* fa pointe ainfi
a continué.

On me fait l'honneur de m'attribuer cette grande manie-
qui, en tems de paix, des armées de trois cent mille
hommes fait folder. Les membres du noble tribunal
j'ofe fupplier de remarquer que de tous les tems, & de
tous les pays, la guerre a été comme la fociété: que,
dans tous les âges, la guerre comme la pefte le genre
humain a infefté (*) : on dit que les *Grecs* l'art militaire
ont inftitué & toute l'*Afie* fubjugué : que les *Romains*
l'ont perfectioné, & le monde conquefté : de ces deux
nations, dignes par leur favante tactique de toutes les
autres commander, *Gaulois*, *Normands*, *Saxons*, *Anglo-
Saxons*, *Gothbs*, *Vifigothbs* & autres l'ufage ont emprunté
de troupes & chevaux dreffer, de les faire manœuvrer,
cabrioler, caracoler, pointer, tirer, efpadroner, & Cœ-

TE-

(*) Un auteur très renommé, par toute l'*Europe* célébré, de
toutes les Académies membré, pour garant *Frédéric* a cité.

TERA. Pour abréger, c'est à *Louis XIV.* que l'invention de la bajonnette au bout du fusil on doit donner, & aussi cette multiplication de troupes en *Europe* attribuer.» Si moi *Fréderic* j'ai trouvé, créé, un nouvel art d'armées discipliner, de batailles commander, & de moi-même les gagner, à crime cela doit-il m'être imputé? & si les autres Rois de mes leçons ont profité, & des troupes levé autant que leur bourse peut comporter, puis-je en être blâmé? du premier article, je suis le premier fâché, pour le second je ne m'en suis jamais guère inquiété: c'est à eux autres Rois à s'arranger. Si en *Siléfie* je suis entré, c'est qu'en *Europe* je ne voulois pas pour un roitelet passer, que je voulois accroître ma puissance, & entrer pour quelque chose dans la balance. Dans le système de l'équilibre les Marquis de *Brandebourg* n'avoient jamais osé mettre le pied, pour des petits *Marcgraves* toujours étoient regardés, *Fréderic* aux Puissances a démontré qu'il étoit comme les autres Rois en droit de l'*Europe* balancer. Si de la *Sarmatie* le partage à *Thérese* & *Cathérine*, mes Sœurs, ai conseillé, & si la roüe à l'affaire ai poussé, c'est pour les *Polonois* entr'eux accorder, & une bonne paix leur donner. A l'univers, mon désintéressément, ma justice ai prouvé, lorsque l'Electeur de *Bavière* a trépassé: *Joseph* des terres du défunt vouloit s'emparer, & comme il faut l'en ai empêché.

On dira que *Fréderic* avec *Joseph* vouloit de nouveau partager le gâteau; point du tout; par principe d'honneur, de conscience, de religion, j'ai mis empêchement à l'usurpation. Avec moi *Joseph* a voulu faire le fanfaron; mais c'est que, comme *Joseph*, j'ai des troupes & des canons, & qu'étant déja barbon, je ne suis pas d'humeur à me laisser par un bec-jaune faire la barbe au menton,

D 5   A

A ce mot de bec-janne, *Joseph* s'eft fâché & à *Fréderic* a demandé, s'il vouloit à l'inftant avec lui fe méfurer.

N'eft-ce pas parce que vous avez ce baron de *Laudon* que vous voulez faire le grand garçon, a reparti *Fréderic*; j'ai comme vous des barons, des *Laudons*; j'ai de plus une épée à mon côté, qui jamais pour perfonne n'a tremblé?

La mienne, a ripofté *Joseph*, dans le fourreau a toujours repofé, mais je vous protefte qu'elle eft des mieux affilées, & que fi *Thérefe* vient de ce monde à dénicher, à *Berlin*, à *Poftdam* avec cent mille hommes veux aller coucher.

Ne voilà-t-il pas, a dit *Fréderic*, ce petit Duc de *Lorraine*, Empereur de fortune, qui veut chez moi venir faire un trou à la lune!

Eh, vous, a reparti *Joseph*, qui étez-vous Monfieur *Fréderic*, un Marquis, & rien de plus qu'un Marquis! vous êtes Roi, parce que mon grand Père s'eft trouvé en défaroi; fi vous êtes aujourd'hui Majefté, c'est que la maifon d'*Autriche* étoit en débilité...

La querelle alloit vivement s'échauffer, & peut-être que des paroles aux coups, *Fréderic* & *Joseph* euffent paffé; mais la Reine de *Hongrie*, & l'Impératrice de *Ruffie* ont tâché des deux partis accorder. La prémiere a remontré que les propos de part & d'autre étoient déplacés: l'Impératrice de *Ruffie* a remarqué qu'un Empereur & un Roi ne devoient pas comme *Savoyards* en paroles s'emporter, fe menacer, & leur origine vilainement fe reprocher.

Les affaires en étoient là, lorfque l'Electeur de *Majence* pour tirer *Fréderic* d'embarras, au tribunal a obfervé qu'on devoit avancer, & non s'amufer, que les TROIS ROIS on devoit faire entrer, leurs raifons écouter, & leur procès juger. Sur

(59)

Sur ce, le *Grand Turc* préfident la motion de l'Électeur au tribunal a propofé, & *una voce* la motion a
paffé.

La Reine de *Hongrie* & la Reine de *Portugal* feulea
ont obfervé qu'il convenoit de faire une Meffe chanter,
pour, dans une affaire auffi grave, les lumières du
St. Efprit fur le tribunal implorer.

Soudain aux voix, foudain a été décidé que, qui à
Meffe vouloit affifter, devoit fe retirer, que, fans perdre
de tems, on devoit les parties apeller, & leur cas
décider.

A l'inftant aux CHIAOUX Landgrave de *Heffe-Caffel* &
Prince d'*Orange*, le *Grand Turc* a ordonné des TROIS
ROIS à la barre du tribunal mander.

Les TROIS ROIS en pofture fuppliante, air humilié,
chacun de deux avocats accompagnés, étant en la falle
des NOBLES PUISSANCES entrés, Benjamin *Franklin*
s'eft préfenté.

A ce dernier le Roi de *Suède* d'abord parole a porté,
qu'il pouvoit, fans difficulté, fa place au rang des Re-
préfentans occuper.

Ici, altercations, débats fe font élevés.

Le Maître boucher Landgrave de *Heffe-Caffel*, & les
garçons bouchers le Duc de *Brunswick*, le Marcgrave
d'*Anfpach*, le Comte de *Hanau*, le Prince d'*Anhalt-
Zerbft*, le Prince de *Waldeck*, ont oppofition formé, &
pour raifon donné, que *Franklin* au tribunal n'avoit
pas droit d'entrer, encore moins de fiéger.

Le dernier garçon boucher, le premier voix a élevé,
& déclaré, que, quoique dans le procès, il ne fut pas
des plus intéreffés, cependant il ne pouvoit s'empêcher
de remarquer que c'eft toutes les Puiffances infulter,
toutes les Puiffances outrager, bafoüer, qu'au rang des
Puiffances, un Repréfentant de rebelles placer.

Son

Son Alteffe a ajoûté qu'il voîoit le globe fur le point d'être bouleverſé ; qu'il lui ſembloit que la tête à tous les Rois, à tous les Princes avoit tourné ; que leur invaſions, leurs uſurpations ne tendoient qu'à la ruîne de tous les Etats précipiter, & tous les Princes faire égorger.

Je ne me connois plus en politique a fur-ajoûté ſon Alteſſe : l'invaſion que les groſſes Puiſſances font ſans façon ; les ſecours qu'elles prêtent aux ſujets révoltés, ont de quoi nous affliger. Les gros potentats font parbleu de la belle beſogne : nous autres petits Princes, nos ſujets nous écorchons, tant que nous pouvons, nous les vendons même dans l'occaſion, mais nous en avons permiſſion, ce font nos ſujets ; nous n'empletons pas pour ça fur nos Confrères les autres Princes, moi *Waldeck*, & mon Couſin *Zerbſt* nous ne courons pas ſur les terres de *Fréderic*, ni de *Joſeph* ; nous ne cherchons pas à faire invaſion dans l'Archiduché d'*Autriche*, ni dans la marche de *Brandebourg* ; & lorſque que quelque Serf *Bohêmien*, ou *Siléſien*, fait tapage dans ſa caſanière, qu'il eſt baſtoné par ordre de ſon maître, s'il eſt rétif, qu'il veûille contre l'aiguillon régimber, nous n'allons pas lui ſouffler aux oreilles ; à la place de bâton, nous ne lui mettons pas un piſtolet en mains, pour l'aider à ſe revenger ;... Eſt-ce que ces Princes qu'on apelle Empereurs & Rois font plus privilégiés que le Prince de *Waldeck* ; & doivent-ils n'avoir ni honte, ni confuſion, parce qu'ils ont plus de poudre à canon ? Eux autres grands potentats ont cent mille ſoldats ; & c'eſt ce qui les rend ſi témeraires à faire la guerre, & ſi enclins aux invaſions, ainſi qu'aux révolutions.

Le Roi de *Suéde* à *Franklin* a déclaré qu'il ne devoit pas être interloqué, qu'il pouvoit en liberté parler.

Oui,

Oui, a de nouveau fur-ajoûté le Prince *Waldeck*, tous
ces Messieurs du Congrés sont des pendarts qu'il faut
foüetter & marquer, au moins envoïer aux galéres. Ils
donnent mauvais exemple au monde, ils ont eu l'impudence de se révolter contre leur souverain : si j'étois le
Roi d'*Angleterre*, je les ferois pendre demain avec
Mr. *Franklin* & tous les gredins *Américains.*

Tout doux, tout doux, votre Altesse, a dit avec politesse, *Franklin* d'un air assez benin! Vous autres petits
Princes *Allemands* qui vendez chair humaine à l'encan,
vous êtes trop corrosifs envers de loyaux sujets, qui
sont par fois rétifs, & qui, à bon droit & raison demandent continuation de leur primitive institution, &
de leur antique législation. —— Assez long-tems, avons
crié, assez long-tems supplié, assez long-tems humbles
adresses avons présenté : *George* de chaines a crû pouvoir charger de son autorité les *Bostoniens*, ainsi que
les *Hanovriens*. l'*Anglois* Parlement a donné ample
consentement au de St. *James* Divan de guerroïer, &
de toute l'*Amérique* exterminer. *George* vaisseaux &
soldats à *Boston* a porté, & *George* a été repoussé,
chassé, sa bande exterminée, & *Bourgoyne* prisonnier,
& *Waldeckois*, *Anspachois*, *Brunswikois*, *Anhaltois*,
Hessois par piéces taillés, & si le Prince *Waldeck* en
Amérique eut montré son bec, il eut été bastonné,
rançonné, & peut-être qu'en *Allemagne*, il ne se fut
jamais plus montré. Or, que votre Altesse par bonté
daigne considérer, si, sans juste raison, nous avons fait
quart de conversion, & montré les talons à nos frères
Bretons.

A ces mots prononcés par *Franklin* de Princes *Alle-*
mands " qui vendent chair humaine à l'encan : " les
autres Princes bouchers ont cru pour leur honneur devoir se justifier, ou du moins la chose plaisanter.

Quo

Que peut-on, a dit le Duc de *Brunswick*, à moi reprocher? *Charles* mon Père qui, n'a guère, est trépassé, à *George* par le sang étoit lié, & moi sa sœur j'ai épousé. Par amitié, des soldats à *George* mon Père a donné; & est-ce un si grand crime s'il en a été payé? si *George* d'*Angleterre* étoit chassé, & si en *Hanovre* venoit se réfugier, ce seroit tache honteuse pour la famille qui couvriroit les *Brunswick* d'ignominie. Nous avons donc grand' raison de maintenir le Roi *Breton*. Nous sommes très proches parens, issus de même sang, & nous avons beaucoup d'enfans dont nous devons soutenir les rangs; *George* est d'ailleurs bon garçon; s'il s'égare, c'est qu'il lui manque un peu de raison, & qu'il n'est pas aussi expert en administration qu'en sa fabrique de boutons.

Moi, a dit le Marcgrave d'*Anspach*, je tiens que c'est une bien juste assertion, qu'à quelque chose malheur est bon. La guerre des *Américains* m'a valu des vertugadins. Mon oncle *Fréderic* m'a appris par expérience, que ce n'est pas si grand cas de conscience, de prendre argent en tout tems & de tout venant. J'ai vendu des malheureux qui ne pouvoient rien mieux faire que de se faire tuer à la guerre.

Ma foi, a dit le Prince d'*Anhalt-Zerbst*, chacun tire parti de ses coquilles comme il peut! moi, je ne suis pas riche: & comme tout le monde sait *Sophie* (*) ma sœur qui est Impératrice de *Russie*, ne me donne pas une rouple. Je suis Prince & Souverain pourtant, je dois bien soutenir mon rang. Si je veux avoir une piéce d'étoffe de *Lion*, une barique de *Champagne*, un cheval *Holstein*, *Hongrois*, ou *Anglois*, une berline, un diable,

je

___

(*) *Sophie* est le nom que portoit la Cz.*rine* avant d'avoir reçu le batême *Grec*.

je dois payer comptant, & pourça, il faut de l'argent. Dira-t-on que j'ai tort d'envoyer quelques recrûes à la mort?.. ma foi, échape qui peut, malheur qui est pris! si mes gens font affez mal avifés de fe laiffer en *Amérique* tuer; c'eft pour leur compte: qu'en puis-je?...

Le fils peut bien fuivre l'exemple du Père, a dit le Comte de *Hanau*. Si j'ai tort, mon Père a plus grand tort. Il dit qu'il eft juftifié: qu'avant de troupes pour l'*Amérique* embarquer, il en a du *Pape* achêté permiffion pour mille ducatons: qu'il a en bon parchemin une Bulle du *St. Père*, & qu'avec ça il peut tout faire: que d'ailleurs fon Confeffeur le lui a confeillé pour de chiens d'hérétiques le pays de *Caffel* purger, & que le *Papifme* pût plus aifément s'y ancrer. — Ce Confeffeur eft un *Normand* à qui *Faucitt* (*) a fait un gros préfent, & qui a le Landgrave mon Père fi bien catéchifé, que la *Papiftique* fecte il a embraffé. Il a contre lui les efprits de fes fujets fi fort indifpofés, que, fans moi, peut-être l'euffent-ils exterminé. Si les autres Princes *Allemands*, & mon Père entr'autres ne m'euffent pas l'exemple donné: moi, je n'euffe jamais commencé par mes troupes en *Amérique* envoyer. Si je les tenois à cette heure, je jure que jamais plus elles n'y mettroient les pieds.

Ba, ba, pour moi, je n'en fuis pas fâché, des patagons j'y ai gagné, a dit le Landgrave de *Heffe-Caffel!* Je trouve que ça été pour moi bonne faifon: j'ai tiré bon parti de mes moutons: j'ai vendu hommes, femmes, enfans, argent comptant. Par Bulle que le *Pape* m'a accordé l'a dîme lui en ai payé, comme à mon curé, c'eft naturel, il faut que le pontife vive de l'autel. Après tout, qu'eft ce que? vendre bœufs ou vaches, femmes ou hommes, faumons ou cochons, quand ça nous appartient, ça revient au même.

A

(*) Récruteur *Anglois* dans les petites boucheries d'*Allemagne*.

A ce propos, *Franklin* en liberté au Landgrave a demandé s'il n'avoit jamais été à *Amsterdam* marchand d'ames installé, ou si même dans son pays de *Caffel*, des marchands d'ames *Hollandois*, il n'étoit pas agent conftitué.

A ces mots, le Landgrave en furieuse colère est entré, & de son baton de Feld-Maréchal du Roi de *Pruffe*, la tête à *Franklin* a manqué caffer.

Benjamin au crâne bleffé, au tribunal a remontré qu' en tout pays policé, les Plénipotentiaires étoient facrés; de plus, qu'ayant été au tribunal des nobles PUISSANCES frapé, c'étoit la Majefté même des nobles PUISSANCES outrager; qu'on ne pouvoit plus indignement les têtes couronnées injurier, que de quelqu'un en leur préfence même ainfi affaffider; que c'étoit le comble de la méchanceté, de la perverfité, que c'étoit un crime à ne jamais pardonner, que c'étoit au dernier point fe fourvoïer, s'égarer.

Le comte de *Hanau* a reprefenté que depuis que fon Père avoit cafaque de religion changé, il étoit comme un égaré; que la tête lui avoit totalement tourné, que bientôt, dans une citadelle, il l'alloit faire enfermer; qu'une incartade pareille étoit à pardonner, & que Mr. *Benjamin* devoit l'excufer.

Le Roi de *Suède* aux PUISSANCES a obfervé qu'à l'inftant le Landgrave de *Heffe-Caffel* devoit être du tribunal expulfé: que fi tous les membres avec lui vouloient s'accorder, on feroit le Landgrave de *Heffe-Caffel* par les verges paffer, qu'il avoit mérité par fa témérité d'être avec une Cartouche jaune renvoyé (*).

Le

(*) La Cartouche jaune eft le paffeport d'un foldat qui à fon régiment a mal verfé, qui, pour ce, a été bellement fuftigé & ignominieufement chaffé.

Le Comte de *Hanau* pour .fon Père a de nouveau
fupplié , & grace au *Landgrave* par indulgence , a été
accordée.

Après bien d'autres fcènes , farces , propos , raifons ,
pourparlers qu'il feroit ennuieux de raporter , le tribunal *und voce* s'eft accordé au procès des T R O I S R O I S
entamer. Les Avocats des parties , ayant chacun piéces
juftificatives fur le bureau dépofé , *George* III. aux nobles
P U I S S A N C E S requête a préfenté.

R E Q U Ê T E de *George* III. d'*Hanovre* ,
R O I d'*Angleterre* , de *France* , d'*Ecoffe* ,
d'*Irlande* , P R I N C E - E L E C T E U R du
Saint Empire. &c.

A U X S é r é n i s s i m e s & E X C E L L E N -
T I S S I M E S M A J E S T é S & A L T E S S E S ,
I M P é R I A L E S , R O Y A L E S , E L E C T O R A -
L E S , D U C A L E S , A R C H I - D U C A L E S ,
L A N D G R A V I A L E S , M A R C G R A V I A L E S
& A U T R E S &c.

" M o i , le très humble & très refpectueux frère &
confrère de V o s S é r é n i s s i m e s M a j e s t é s & A l -
t e s s e s , le cœur plein de reffentiment & de douleur ,
demande humblement & refpectueufement qu'il me foit
permis de déférer des griefs énormes , de nature dange-
reufe & alarmante , au haut & fublime tribunal de V o s
M a j e s t é s & A l t e s s e s. "

E   " La

" La conduite non moins inique que perfide de deux de nos frères & confrères les ROIS CHRÉTIEN & CATHOLIQUE de *France* & d'*Espagne*, a éclaté avec tant de violence en actes criminels de félonie & de trahison ; a tellement renversé toute autorité du devoir, & des loix divines & humaines, & fait craindre si ouvertement la subversion immédiate de tout pouvoir souverain ; la destruction de toute propriété attachée aux trônes ; la confusion, la ruine de tous les Etats ; enfin, attaque si directement les droits de tous PRINCES, EMPEREURS & ROIS, que je me vois contraint par tous les liens de l'honneur & du devoir de reclamer humblement l'interposition la plus prompte & la plus efficace de VOS SÉRÉNISSIMES MAJESTÉS & ALTESSES, pour qu'elles daignent prendre les mesures les plus immédiates que leur sagesse & prudence pourront leur suggerer, afin de pourvoir à la sûreté générale des trônes, à la tranquillité publique de tous les Etats.

" VOS SÉRÉNISSIMES MAJESTÉS & ALTESSES, connoissent assez à fond les desseins *Papistiques & Jésuitiques* de la maison de *Bourbon*, sans que je doive de nouveau les leur dévoiler. L'ambition qui la dévore, ne tend qu'à s'emparer de tout, qu'à envahir tout, qu'à ruiner, détruire, ou engloutir tout. Delà ces guerres qu'elle a tant de fois allumées, ces querelles qu'elle a tant de fois entamées, ces dissentions, ces révoltes qu'elle a tant de fois suscitées & fomentées, au grand détriment & à grande effusion du sang humain.

" Qu'il me soit permis d'ajouter que la guerre actuelle dont V. S. M. & A. sont témoins n'a d'autre principe que la malice noire, les desseins perfides, la cupidité inique de mes frères & confrères les ROIS de *France* & d'*Espagne*.

" C'est,

" C'eft, Sérénissimes Majestés & Altes-
ses le refpect profond, & l'attachement inébranlable
que j'ai éternellement voüés à V. M. & A. & auffi l'a-
mour fincère & le zéle ardent qui m'anime pour la paix,
la tranquillité, la félicité du monde, qui m'ont infpiré
la jufte confiance de recourir à la juftice de Vos Hautes & Sublimes Puissances, pour demander le
redreff=ment de mes griefs qui font ceux de tous les
Souverains.

" Dans ce moment de crife & de danger imminent
pour l'Angleterre, l'amie naturelle de toutes les Puiffances & de tous les peuples du monde, Vos Sérénissimes Majestés & Altesses étant les proteêtri-
ces des droits des Souverains, & les gardiennes de la
fûreté publique, ne peuvent que concevoir l'indignation
la plus grande, & l'horreur la plus forte, contre les
procédés pervers, les outrages iniques, les violences
perfides exercés par deux de nos frères & confrères.

" J'attens avec confiance que V. S. M. & A. prendront les mefures néceffaires pour faire, le plus prompt-
ement poffible, le procès à Louis, & Charles Bourbon,
& les punir ainfi que la loi le prefcrit, que la fûreté
des Souverains le demande, & la juftice publique l'exige.

" Ce Posé, qu'il plaife à Vos Sérénissimes
& Excellentissimes Majestés & Altesses
être favorables au très humble Suppliant."

Signé

" Moi George, Duc de génération,
Electeur & Roi de création, & Fabricant de boutons de profeffion."

Ë 2   L'R.

L'Electeur *Palatin* premier Greffier du tribunal, ayant lu à haute voix la requête de *George* III. le *Grand-Turc* préfident, lecture faite, de l'indulgence des nobles PUISSANCES *George* a affuré; après quoi fa HAUTESSE lui a demandé s'il n'avoit rien à ajouter; fur ce, *George* s'est ainfi exprimé en très mauvais *François.*

Certains animaux appellés *Américains*, ayant comme nous deux pieds & deux mains, ayant ofé défier mon autorité à *Boston*, païs fripon, ont, ô trifte recordation! terrible commémoration! ont diffamé, dégradé ma Majefté, avec excès, fans pudeur, ni équité. Mes Gouverneurs fur ce les ayant querellés, dans la mer un vaiffeau de thé ont jetté, de fabres & piftolets fe font armés, & mes foldats au Diable ont chaffé. Soudain alerte, guerre aux champs, guerre à la ville, guerre par toutes les Colonies Un Congrès de finges formé, l'indépendance a déclaré, & l'*Amérique* au nez ma chié.

Sur ce j'obferverai, qu'ayant, pendant trois ans, avec *Washington* guerroïé, le Roi de *France* foldats & canons lui a prêté. C'eft comble de perverfité, de noirceur, d'iniquité, & graces à Dieu, le Diable ne l'a pas emporté. Un Docteur de profeffion a reçu en fes Etats en légation, fous prétexte d'innoculation, puis avec lui a paffé un traité de navigation; puis la guerre méchamment m'a déclaré, le Roi d'*Efpagne* dans fon parti traîtreufement a entraîné; puis de mes Colonies enfemble veulent mé dépoüiller. Jugez, M.rs la grand' affaire qui m'a mis en affliction, en défefpoir, en confternation.

George ayant ainfi parlé, Lord *Bute* s'eft approché, Lord *North* de fa poche a tiré de l'*Amérique* avec la *France* le fameux traité.

Lord *Bute*, s'étant mouché, Lord *North* ayant craché: *George* a demandé permiffion de donner plus ample

in-

information. —— Lord *Bute* vieux & caffé, & ne pouvant parler *François*, Lord *North* la chofe a ainfi expliqué.

MESSIEURS, excufez *George* Roi s'il parle le F..n̄çois en *Iroquois*: il parle toutes les langues en perf.ction, la *Françoife* excepté dont il n'a pas bonne opinion; mais moi, clairement je vous dirai, & comme il faut vous prouverai les torts du Roi des *François*

* Lord *North* grand orateur, & encore plus grand verfificateur a finement rédigé un mémoire compofé par une favante élite d'*Ecoffis*. —— Sa Grace déploie fa boutique: il tire de fon portefeuille de la Chambre des *Communes* une énorme liaffe de papiers. —— Lord *North* lit:

HAUTISSIMES, GRANDISSIMES, AMPLISSIMES, SÉRÉNISSIMES, EXCELLENTISSIMES MAJESTÉS & ALTESSES!

L'EUROPE, le MONDE entier a retenti de nos cris: les plaintes que nous formons & les griefs que nous articulons, font clairs comme un foleil, palpables comme une montagne. Le Roi de *France* eft aggreffeur, inftigateur, déclarateur de guerre; il a, chofe ironie! porté la première étincelle de feu en *Amérique*; fourni allumettes, bois, charbon, briquet, mêches, amadou;... C'eft le plus grand bouteur de feu, le plus grand foufleur: attifeur, qui ait encore paru fous les cieux

Lord *North* prend un autre papier mieux torché, & lit:

" Le Roi des *François*, S. M. & A. a oublié la foi des traités, les devoirs d'un Allié, & les droits des Souverains, pour ne s'occuper qu'à mettre à profit les circon-

con-.

conftances qui paroiffoient favorables à fes projets ambitieux; il a AVILI SA DIGNITÉ, en formant des
liaifons fecrètes avec les fripons & rebelles *Américains*;
& après avoir épuifé toutes les INFAMES reffources
de la PERFIDIE & de la DISSIMULATION, il a
ofé avoüer le traité folemnel que fes Miniftres audacieux ont figné avec les obfcurs Agens des Colonies
Angloifes... & ces Agens font, des Docteur, compofi-
teur de pilules, empoifonneur, tueur de gens, des
marchands de morûe, harengs, térébentine, potaffe,
fel vitriol, fel de nitre, verd de gris, fer, ferraille,
cloux, mitraille, thé, fucre & caffé;.. Encore, fi ces
Agens é'oient des Lords de la Tréforerie, ou de l'Ami-
rauté, ou quelques defcendans de quelques pairs *Ecof-
fois*; patience: mais des gens qui font des vifites à pied
pour gagner dix fols: des courtauts de boutique, des
gardes-magafins de poivre & d'indigo; voilà parbleu de
beaux SIRES pour traiter avec eux tête à tête, nez à
nez, & faire des traités comme avec les premiers Plé-
nipotenciaires de la première Puiffance du monde."

A ce dernier chef, Sir *Jofeph* Empereur a dit: Me
Avocat *Milord*, du Docteur nous en faifons, dès ce
moment, un Baron libre *Allemand*; demain nous le
ferons Comte, après demain Duc;.. vite qu'on apprête
trois Diplomes du *St. Empire*, & le cordon de l'ordre
de la Toifon d'or, en attendant que *Louis de Bourbon* le
décore du cordon bleu, rouge, noir, à fa difpofition;..
pour les courtauts de boutique, gardes-magafins, marchands de ferraille, mitraille, thé & caffé, nous les
déclarons à l'inftant Senatéurs, Bourguemefters, Régens
d'une ville libre & Impériale en *Weftphalie*, ou *Fran-
conie*: en attendant qu'il plaife à *Louis Bourbon* de les
nommer à l'Echévinage de *Paris*, ce qui, comme vous
favez, ou comme vous ne favez pas, donne la nobleffe,
ipfo facto.   Qu'à

Qu'à cela ne tienne, Monsieur *Joseph*, a répondu Me.
North : s'il ne faut que cela; *George* décorera le Docteur du cordon de la Jarretière, ou du cordon du noble
Chardon ; pour les Gardes-boutiques, Courtauts de
magaſins, il les fera Lieutenans de Comtés, hauts Shérifs, grands Jurés, Lords maires de *Londres*, ſi ça leur
fait plaiſir.

Vite, dépêchez beſogne, Me *North*, a dit *Joſeph*.

Monsieur, pour reprendre le fil de l'hiſtoire, je dirai
que le Roi des *François*, ce *Louis de Bourbon* que vous
appellez, a joué un fort vilain tour à *George* mon maître,
Roi des *Ecoſſois* & *Anglois*, ſes démarches ſont comme
autant de preuves de ſa PERFIDIE & de ſa MALICE ;
il a fomenté, ſoutenu, conſommé la révolution des
treize cantons qu'on appelle l'*Amérique* du ſeptentrion.
Quel noir crime ! Quel noir forfait ! Monsieur, il eſt plus
noir que l'encre la plus noire qui repoſe dans l'encrier
le plus noir.

Le Souverain des *François*, S. M. & A. n'eſt ni juſte,
ni droit : il eſt tors & de travers : ennemi du monde &
de tous les gens qui habitent le monde : ſes Miniſtres
ſont pairtis d'un limon corrompu, infeſt : leur caractère
eſt la politique inſidieuſe, l'obſcurité étudiée, portant ſur
le front la honte & l'artifice. C'eſt ces derniers qui ont
encouragé les roturiers Agens des Colonies, à former
& à exécuter l'audacieux projet de l'Indépendance ; qui
leur ont donné moyens d'établir une place d'armes, une
fonderie de canons, un arſenal complet dans le pays de
French, qui les ont pouſſés à équiper des vaiſſeaux,
à armer des Corſaires pour courre ſur les *Anglois* juſque
dans leurs retraite & maiſons, & à les aſſaſſiner ainſi
ſans plus de façon.

Le Roi des *François* eſt le contempteur, violateur,
fraudeur des choſes divines & humaines : ſon envie eſt
de

E 4

de fauſſer l'équilibre, de déranger l'horloge de l'*Europe* :
de renverſer tous les trônes, de s'y aſſeoir deſſus, &
par ainſi donner la loi *tout par tout* l'univers. Ses pas
ſont marqués aux traces de la félonie & de l'aſtuce, &
ſes Miniſtres ſont des madrés qui ont plus de malice
que cent Diables; je jurerois par toute l'*Ecoſſe* & tous
les *Ecoſſois*, par toute l'*Angleterre* & tous les *Anglois*,
par toute l'*Irlande* & tous les *Irlandois*, qu'ils ſavent
eux enſemble plus de tours de paſſe-paſſe, tours de carte,
tours de gobelet, que cent mille *Comus* (*) ; je veux parier
moi *North*, à VOS SÉRÉNISSIMES MAJESTÉS &
ALTESSES, que ſi elles n'y ont l'œil, ils feront un
jour à venir paſſer tous les membres de l'auguſte tribunal par le trou d'une bouteille ; qu'ils mettront leurs
Empires, Royaumes, Etats, Républiques, dans une
cantine, qu'ils lui attacheront une pierre au coû, &
qu'ils la jetteront ainſi dans le fin fond de la mer.

Oui bien, c'eſt vérité, a Lord *Bute* ajouté. Milord
Stormont me dit un jour à l'oreille qu'il y avoit un
projet ſur le tapis Ju Cabinet de *Verſailles*, pour faire
de l'*Angleterre* une pilule anti-vénérienne, pour rendre la maiſon d'*Autriche* comme une pomme cuite au
four, la *Pruſſe* comme une figue ſéche de *Marſeille*,
& la *Hollande* comme un fromage mou de *Friſe*…. De
plus, Mrs. nous ne pouvons nulle part trouver amis,
ni alliés,.. notre recours étoit chez *Catherine* de *Pétersbourg* ;.. mais *Louis* de *Bourbon* a fait peur à *Catherine* :
il lui a dit tout ſec, que ſi elle nous prêtoit la main
Hbamid le Grand-Turc, ſon petit couſin, ſoudain
coureroit ſus, ſoudain monteroit deſſus.

Pardonnez, MONEURS, a dit Lord *North*, l'expreſſion
de l'Avocat Lord *Bute*, c'eſt que le *François* il entend
mal, & qu'il le parle encore plus mal. Cet homme eſt
éner-

(*) Fameux Eſcamoteur du Boulevard à *Paris.*

énergique, expreffif, mais par fois fautif: le zéle de la maifon de *George* le dévore: il voudroit, tant il eft bon, faire de l'*Angleterre* un donjon pour y pofer l'op-pofition & tous les fripons: il voudroit plus, tant il eft fidel & loyal, il voudroit mettre tous les *Anglois* à la *Tour*, & mener *Londres* à *Edimbourg*.

Encore un coup, befogne avancez, befogne dépê-chez, a dit l'Empereur *Jofeph*.

Monbur, Vos Majestés & Altesses, connoiffent les manœuvres & intrigues de la Cour de *Verfailles*; il n'y a prefque point de nation au monde qui n'ait à s'en plaindre. Que V. M. & A. citent par exemple à leur augufte tribunal les paifans de la *Dalécarlie*, de la *Gothie*, de l'*Oftrogothie*; elles entendront ces bonnes gens dire que la *France* a évidemment violé leurs droits en mettant, contre leur vœu, le defpotifme à la place de la liberté. Cette révolution a été marquée au coin de la féduction & de la perfidie... Ce font encore les manœuvres iniques, les trames fourdes, les menées in-téreffées de la *France*, qui ont caufé tous les malheurs de *la Pologne*, de *la Corfe*, de l'*Amérique*, du monde entier;.. C'eft encore la *France* qui a voulu faire jouer aux cuiftres *Irlandois* une fcène tragique à *Dublin*: qui, tout récemment encore, a allumé à *Londres* les torches encore fumantes qui ont mis la métropole de l'Empire *Britannique* à deux doigts de fa deftruction totale.

De toutes les héréfies, & crifes des Etats, de toutes les révoltes qui ont bouleverfé les Royaumes, de toutes les fecouffes que les religions & les trônes ont effuïées; qu'on remonte aux fiécles paffés, qu'on examine le préfent, on trouvera que ce font les maximes fombres du traître conclave *François*, qui ont infpiré, & qui infpirent encore ces airs de liberté qui conduifent à la défobéiffance, à la révolte, à tous les crimes. La défo-

E 5   la-

lation des peuples,. les révolutions, les complots, les
sacriléges en tout genre qu'on a vû en *France* & se
répandre au loin, en sont une preuve. La *France* a fait
entrer des troupes dans le cœur de plus d'un Royaume;
a voulu soumettre & assujetir les nations; changer par
fois l'État Monarchique en Républicain, & le Républicain en Monarchique.

V. M. & A. connoissent ces routes tortueuses qui
menent au but, lors même qu'elles semblent en écarter;
ces moyens ténébreux de perdre, en inspirant la confiance; cette dissimulation qui cache la plus grande apparence de la franchise; ce rire simulé qui précéde le coup
de poignard. La politique *Versaillienne* est pire que
l'*Italienne*.

C'est la *France*, qui a fait mouvoir la porte *Ottomane*
contre la fenêtre *Russe*; qui a fait tüer le roussin du
Grand-Turc contre la mule de la *Czarine*... Si *Machiavel* est mort, la *France* a ses reliques: elles les conserve
plus précieusement que celles de *St. Denis*, que celles
de la Patrone de *Paris. Machiavel* est le grand Saint,
le grand patron de la maison de *Bourbon*. C'est, c'est
la *France* qui, qui.... mon cœur se fend, il faut que
j'arrête ma langue.

Ici, *North* ayant sur bureau posé de l'*Amérique* avec
la *France* le fameux traité, l'a ainsi commenté.

S. M. & A les Ministres du Cabinet de *Versailles* sont
encore des impertinens qui n'ont pas l'ombre du bon sens.
Ils ont osé présenter à sa Majesté un traité qui n'est
pas bien ponctué. Ce bâtard de *Sartine* dont le Père
d'*Espagne* en *France* est allé par famine, ne sait pas
l'ortographe (*): à de *Noailles* le Marquis, par de *Ver-*
gen-

(*) N'en déplaise à sa Seigneurie Milord *North* : un *François*
qui, sa langue ne sait pas ortographier, prouve par là qu'il est

No-

Rennes-Crueler qui dans la mer noire a été si long-
tems noyé, un traité a fait mander très mal accentué.
Il y manque, l'aigu, le grave, le circonflexe, le
point de conviction, d'interrogation, d'admiration, ainsi
que les autres points, pointilles & pointillons, virgules,
virgullions.

Que V. S. M. & A. daignent attention prêter au
traité, elles verront comme il est croqué.

" *Les Etats Unis*, ça n'est pas vrai, vous avez menti :
de *l'Amérique Septentrionale*, oh ça! Vos Majestés &
Altesses doivent convenir que les Ministres de *France*
savent la Géographie : *qui font en pleine possssion*, ici
faut ajouter par trahison, *de l'indépendance, prononcée
par leur acte du 4* Juillet 1776 ; ici faut un point
d'interrogation, s'il vous plait. Qui est ce qui a rendu
les *Américains* tels ? le Roi de *France* ? le Roi de
France est un *Savoyard* & de plus un Cornard.
Etoient-ils Indépendans, il y a dix ans? d'où vient
le font-ils maintenant ? Est-ce pour s'être alliés avec
la maison de *Bourbon* ? Cette maison est une maison de
fripons. Si les *Américains* n'étoient pas indépendans
avant le traité; comment peuvent-ils l'être après?"

Ces Etats, encore un coup vous avez menti, ce ne
font pas des Etats, *ayant fait proposer au Roi de con-*
                                                        fo-

Noble né. Ne savoir ni lire, ni écrire, ni ponctuer, ni accen-
tuer, est la plus forte preuve des seize quartiers.

Les *Anglais* doivent se féliciter de ce que les *François* ne savent
pas mieux orthographier, car si les *Anglais* en *Amérique* ont du succès,
c'est qu'aussi l'orthographe manque aux Vaisseaux *François* ; que
d'ailleurs *Gn'éen* ne peut pas les dépêches du Ministre épeler ; ce
qui lui fait tous les coups manquer ; que sa poudre en outre est
mouillée , & que ses canons n'ont pas de bons tampons. Les *Anglais* savent de plus de la marine le *Grec*, voilà encore pourquoi ils
donnent aux *François* sur le bec.

folider, par une convention formelle les liaifons, qui
fe font établies entre les deux nations. Encore ici,
point d'interrogation ? Meffieurs les DRÔLES, qui
eft - ce qui vous a permis de former cette liaifon ? par
aucune loi, par aucune conftitution, lorfque l'on eft
foumis à un Gouvernement, on ne peut s'allier avec un
autre, fans fon confentement ; finon on tombe en délit
flagrant, & on rifque d'être pendu fur le champ.

Les Plénipotentiaires refpectifs ont figné un traité
d'amitié. Ici, faut un point d'admiration, qui foit fans
aucune comparaifon ; amitié entre François & Anglois,
ne peut fe trouver dans aucuns traités. Six cent ans
continus de guerres & de divifions, ne fauroient former
de bonne union & connexion entre deux nations : ce
feroit tenter le feu à l'eau allier ; fi ces deux élémens
formoient un traité, il ne pourroit fubfifter.

Traités d'amitié & de commerce, deftinés à fervir de
bafe à la bonne correfpondance mutuelle. Cette ponctu-
ation - ci, n'eft ni bonne, ni belle. Si cette bafe n'a
jamais exifté, comment pourra-t-elle à l'avenir en pied
refter ?

Sa Majefté étant réfolue de cultiver la bonne intelligence entre la FRANCE & la GRANDE BRÉTAGNE...
Oh! pour ici, il faut un point, comme une montagne,
au moins comme une Cathédrale. Encore un coup,
comment peut - on dans un traité, faire fubfifter, ce qui
n'a jamais exifté ? Entre ces deux Couronnes, la meilleure intelligence eft de n'en avoir aucune. Rome &
Carthage fe fortifierent en fe battant ; voilà les feuls bons
traités, que peut faire le François avec l'Anglois.

Intelligence, par tous les moyens compatibles, avec fa
dignité & avec le bien de fes fujets. Ici, il faut plus
qu'un point interrogatoire ; mais un de ces points, qui,
dans un traité, -doit le lecteur faire en arrière reculer ;

car

car il faut examiner ce que signifie le mot de dignité.
La première dignité est celle de l'équité ; mais sur celle-
ci, il y auroit trop à parler ;.. faut avancer.

*Elle a cru devoir faire part de cette démarche à la
Cour de Londres, & lui déclarer en même tems, que les
parties Contractantes ont eu l'attention de ne stipuler
aucun avantage exclusif, en faveur de la nation Fran-
çoise.* La chose est très courtoise. Il faut ici imaginer
un point qui, entre les deux Cours n'a pas été mis
sur le papier ; car faire un traité, pour n'avoir aucun
avantage, avec une nation, c'est en politique, être
trop bon.

*Et que les Etats unis ont conservé la liberté, de trai-
ter avec toutes les Nations.* Ici, encore un point d'admiration !

*En faisant cette communication à la Cour de Londres ;
le Roi est dans la ferme persuasion qu'elle y trouvera de
nouvelles preuves, Constantes & Sincères de sa Majesté
pour la paix.* Ici faut un de ces points douteux qui
peut faire soupçonner de la vérité, & prouver que la
France a voulu jouer, & de l'*Angleterre* se moquer.

*Et que sa Majesté Britannique animée des mêmes sen-
timens, évitera également tout ce qui pourroit altérer
la bonne harmonie & qu'elle prendra également des
mesures efficaces pour empêcher que le commerce des
sujets de sa Majesté, avec les Etats Unis de l'Amérique
septentrionale, ne soit troublé.* En vérité, la *France*
dans son traité a bien de la bonté ; on ne sait ici quel
point placer.

*Et pour faire observer à cet égard les usages reçus,
entre les nations commerçantes, & les règles qui peuvent être censées subsistantes entre les Couronnes de
France & de la Grande Brétagne.* Encore, ici un point
douteux, car celui-ci paroît encore un peu litigieux.

Dans

Dans cette heureuse confiance, l'Ambassadeur souffigné pourroit croire superflu de prévenir le Ministère Britannique , que le Roi son maître étant déterminé à prodiguer efficacement la liberté légitime du commerce de ses sujets & de soutenir l'honneur de son pavillon , sa Majesté en conséquence , a pris des mesures éventuelles , de concert avec les Etats Unis de l'Amérique septentrionale..... Il ne faut point de point à cette finale. Par un traité ainsi craqué , il est permis de douter de la sincérité , & de croire que qui l'a rédigé devoit être pressé. A ce premier par supplément un second étoit ajouté, qui toujours secret est resté. On a dit que c'étoit un être de raison qui pourtant a eu sa conclusion, ayant été ratifié à coups de canon.

Ainsi oser à une Couronne parler, & de pareils traités passer, c'est son ennemi clairement s'avouer. Une pareille déclaration étoit de guerre formelle notification, & préméditée agression. Toujours à George, Bourbon assurances faisoit donner de son amitié, de ses sentimens pacifiques, de son desir & de sa sincérité à observer les traités; Bourbon, pour mieux son jeu cacher, à George faisoit demander même réciprocité;.. mais bientôt par dessus ses engagemens sacrés Bourbon a passé, & de sa parole vilainement s'est dégagé. Traité d'alliance éventuelle, offensive & défensive avec Franklin d'abord, ainsi qu'il appert, a passé ; l'indépendance de l'Amérique ensuite a déclaré, & du Congrès la souveraineté ainsi publiquement affiché; il a fait plus, l'Europe entiere a débauché, dans son parti la tirée, & l'Angleterre ouvertement a menacé de fer & flamme en son sein porter. Quelle félonie! quelle perfidie! Bourbon, faut croire, n'a pas d'honneur, puis qu'il est de ses parole & promesses violateur, ou ses Ministres sont des fripons qui n'ont ni honte, ni confusion.

Ici

Ici à l'Avocat *North* a été remontré qu'il ne dévoit pas ainsi gens apostropher; l'Avocat *Choiseul* s'est échapé & d'un autre ton à *North* a parlé.

Vous serez étrillés d'importance ; Mes les DROLES, a dit Me *Choiseul* : si vous ne l'avez pas été plûtôt, ce n'est pas manque de bonne envie & bonne volonté; *Grimaldi* mon confrère & moi avions de bien bon cœur juré de vous froter, mais le cotillon dans le tems s'y est opposé ! A cette heure, plus de jupon, plus de torchon, plus de guenon, qui mette la main dans l'administration.

Encore ici, *North* à *Choiseul* alloit riposter, mais le tribunal silence lui a imposé, & bien duement notifié que s'il avoit encore à parler, il n'avoit qu'à avancer.

S. M. & A a poursuivi Me *North*, le monde entier est temoin qu'indispensable & juste est la guerre dans la quelle le Roi *Britannique* se trouve engagé. Sans cause, ni motif, la maison de *Bourbon*, a sa Couronne outragé, ses droits & ceux de tous les Souverains violé. Les injustices les plus criantes, les infractions de la foi publique les plus avérées, prouvent combien cette Puissance dénaturée, qui ne rougit point de se dégrader, en se jouant de toutes les loix & de tous les traités pour ses ambitieux projets couronner, peut devenir dangereuse, si L. M. & A. ne s'accordent ensemble pour ses atteintes vite réprimer, & le mors aux dents lui plaquer.

Ici le *Latin* de l'Avocat *North* paroissant épuisé, *George* par Me *Bute* soufflé, a ainsi prononcé :

" SÉRÉNISSIMES MAJESTÉS & ALTESSES, vous avez entendu mes raisons, je m'en raporte à vos conclusions." . . . .

l'Avocat *Maurepas* vieux, hargneux, gouteux, *Cujas* sous le bras, lunettes sur le nez, béquille en main a parlé soudain.

Tant

Tant va la cruche à l'eau, qu'en fin elle se brise.
l'*Anglois* a donné chasse aux *François* dans la derniere
guerre par toute la terre. Moi, étant Ministre de *France*
ai connu leur insolence : ils n'ont ni foi, ni loi, ni
probité, ni douceur, ni humanité. Toujours guerre sont
prêts à déclarer, pour le monde opprimer, & sur l'Océan
dominer. *Louis* & son Conseil étoient disposés à la paix
de l'*Europe* conserver, tous troubles apaiser, toutes
dissentions calmer, la félicité par tout le genre humain
consolider ;... mais ces *Anglois* sont des taquins qui se
conduisent comme des faquins. Toute l'*Europe* connoit
de mon Roi la franchise, & combien sa Majesté est
éloignée de vouloir le sang des hommes verser. C'est
un jeune Souverain qui à la paix est toujours prêt à
donner la main. Mais ces *Anglois* sont des damnés qui
aucune bonne raison ne veulent écouter ; l'*Amérique*
s'est revoltée ; *Louis* étoit déterminé à toutes propositions
de sa part rejetter ;... mais ces *Anglois*, flottes, escadres
ont armé, & de sinistres desseins contre la *France* pro-
jetté : *Louis* pour sa dignité conserver, ses possessions
assurer, s'est vû forcé de marine remonter, & de l'oreille
aux avances du Congrès prêter. En cela *Louis* peut-il
être blâmé ? & celui à qui un coup d'épée on veut porter, peut-il être condamné d'avoir le coup anticipé ?
peut-il encore être vituperé d'avoir de son épée le
ventre de son adversaire percé ?

En politique n'est pas hérétique qui, d'un croc-en-
jambe son ennemi peut faire tomber, ou d'un coup de
Jarnac en l'autre monde en poste le dépêcher, a dit
Choiseul.

Entendez-vous, Messieurs, a repris Mr *North*, voilà
comme raisonnent tous ces Ministres de *Versailles*: d'a-
près de tels principes, peut-il y avoir de la sureté pour
les Puissances du monde? & un Roi peut il sur sa Cou-
ron-

sonne compter, fur son Sceptre se repofer, & efpérer
de pouvoir les transmettre à fa postérité ? quand j'ai
avancé qu'un jour à venir les Ministres de la maison de
Bourbon feroient toutes les Puissances par le trou d'une
bouteille passer, je ne me suis pas trompé. Que Vos
SEIGNEURIES attendent encore cinq ou six siècles,
& elles diront si je suis bon prophète! A voir l'arbre de
la Maison de *Bourbon* par tout se ramifier, ses branches
par tout étendre, alonger, il est aisé de deviner, sans
être sorcier, qu'un jour il va tous Empires & Monar-
chies de l'univers écraser. Vos MAJESTÉS & AL-
TESSES doivent craindre pour leurs enfans, & enfans
de leurs petits enfans, au moins, jufqu'à la *cent-cen-
tième* génération.

Me *North* a raison a dit Me *Bute*. Tête-bleu! c'est
un grand homme ce *North*! Jamais l'*Angleterre*, les
trois Royaumes n'en ont produit de pareil. C'est sure-
ment le fils de quelque MAQUERELLE *Angloife*, ou
de quelque SYBILLE *Ecoffoife*. Il a tant d'esprit que,
je crois, s'il vouloit, les tombeaux ouvrir il pourroit,
& aux morts commander dans leurs linceuls se lever, &
dans les rues de *Londres* se promener & sauter. Quand
North mourra, pour l'*Angleterre* grand dommage sera.
Jamais Ministère *Anglois* n'a été en de si bonnes mains
placé. Il faut que *North* ait dans une bonne Académie
étudié, ou qu'il soit né coifé.

Ici, *Choifeul* ayant deux ou trois onces de bon *Cuba*
dans son gros nez par poignées fourré, & l'ayant trop
reniflé, un peu fort de ce fin *Efpagne* entêté, quasi
presque enivré, quasi comme par forte extase poussé,
tout haut s'est écrié : " Dieux! que tous les *Anglois*
n'ayent qu'une tête!... que je sois destiné à la couper!.... je la ferai bien vite sauter!..."

F

Dou

Doucement , doucement , Confrère , a dit l'Avocat
Aranda : ne soyez pas si emporté , ça pourroit l'affaire
gâter. Il faut un peu prendre garde de ne pas trop les
esprits aigrir , choquer , irriter , car pour nous le tribunal n'est déja pas trop porté. Si nous allons les vitres
casser , à veau-l'eau l'affaire va aller , & la pèle au cû
devrons nous retirer.

Le vieux *Maurepas* par ces hors de propos , qui , dans
un plaidoyer peuvent être comparés à moutarde après
dîné, Me *Jean* (*) déconcerté , troublé , désorienté , la
goutte aux pieds , souffrant comme un damné ; de plus
ayant perdu la carte ; le fil de son discours ne pouvant
ratrapper , lui-même ne pouvant se retrouver , & le
fort reniflement de Me *Choiseul* passé ; en son centre
Me *Etienne* (†) rentré , en ces termes Me *Etienne* s'est
énoncé.

Lorsque le Roi très Chrétien sur le trône est monté,
soudain aux Puissances ses intentions pacifiques a notifié.

le

(*) *Jean-Frédéric Philippeaux* , dit *Maurepas* , bâtonnier du Conseil
d'Etat ; par son nom de *Frédéric* , filleul , ou plûtôt parrein du Roi
de Prusse , car *Frédéric Maurepas* a tout proche deux lustres & demi
plus que *Frédéric Brandebourg.*

(†) *Etienne-François de Choiseul* , & d'Amboise , ancien palefre-
nier , postillon , puis de l'Europe cocher. C'est de tous les Hack-
ney - Coaches , ou de tous les Fiacres , ou cochers , le meilleur
qui , en ces derniers tems , ait existé. Si , depuis dix ans , Le
Pot de Chambre (‡) de l'Europe eut été par Me *Etienne* mené ,
autrement le Pot de Chambre eut été versé.

(‡) Pot de Chambre est le nom très adorant , très adoré
sérant , des Royales voitures de *Paris* à *Versailles.* Pour 7 Livres
Tournois , & un sou marqué de *France* pour le meneur de Pot
de Chambre , un Crocheteur , un Prince peut courir la poste , en
Pot de Chambre de *Paris* à la Cour , & de la Cour à *Paris,*
& vice versâ.

le defir le plus vif a manifefté de la durée de la paix
par tout le globe perpétuer. l'*Europe* entière a applaudi
aux difpofitions favorables de fa Majefté. Le Roi des
Anglois en particulier fa fatisfaction lui en a témoigné,
& d'une fincére amitié affurances les plus expreffives lui
a donné.

Toutes les Puiffances font forcées de convenir, que,
jufqu'à préfent fa Majefté aux affurances pofitives que,
de fon côté, elle n'a ceffé de leur réitérer, toujours
fidéle elle a été ; & *George d'Hanovre*, plus qu'aucun
autre Roi, peut confirmer des fentimens de *Louis* la
fincérité. *George* doit fe rapeller ce que *Louis* a fait
pour la paix du monde confolider.

Les nobles Puissances peuvent, à la fois, la
conduite des deux Rois apprécier, & d'après les faits
prononcer.

Tandis que *George à Louis* affurance faifoit donner
d'amitié réciprocité, à d'arbitraires procédés les fujets de
George ne ceffoient de fe livrer.

Déja l'*Amérique* contre l'*Angleterre* s'étoit élevée
pour fa domination fecouer, & du joug *Anglois* fe
dégager.

Louis à George avoit des griefs énormes a reprocher;
Louis avoit un moyen infaillible de s'en venger. Mais
Louis de Bourbon Roi bête & bon, fpectateur tranquille
de la querelle eft refté.

C'eft à tort que l'*Europe* pourroit du Roi foupçonner
la fincérité. Loin de pouvoir être accufé de tout à fon
ambition, à fa perfidie facrifier;.... & la *Raifon d'Etat*,
& fon intérêt & fon devoir *Louis* à négligé, pour qu'on
ne pût jamais lui reprocher, d'avoir la rebellion *Amé-
ricaine* favorifé, pour fes ambitieux projets couronner.

Depuis la paix de 1763, les *François*, dans les quatre
parties du monde, n'ont ceffé d'éprouver des actes

F 2   d'hof-

d'hoftilité de la part des *Anglois.* Vexations, violences, injuftices les plus criantes, atrocités les plus grandes, ces derniers envers nous ont exercé. Plus d'une
fois *Louis* à *George* fes griefs avec franchife a déféré,
mais toujours redreffement la cour *Bretonne* a éludé
& toute fatisfaction refufé. Il y a plus : avec le langage
de fa hauteur &' de fon ambition a ofé même parler,
pour à la *France* en impofer.

Aux démarches les plus iniques, aux propos les moins
mefurés , le Roi conftamment le calme de la raifon &
de la juftice a oppofé.

Jamais *Louis* n'a prétendu dans la querelle des Colonies *Américaines* s'immifcer , encore moins la venger.
Mais, en fon particulier, fa Majefté les *Américains*
comme rebelles ne pouvoit traiter , encore moins les
ports de fon Royaume leur fermer , & tout commerce
avec eux à fes fujets prohiber.

Exportation des armes & munitions de guerre en
Amérique le Roi a empêché, & au Château *Trompette*
la *Fayette* a fait emprifonner, pour avoir, comme un
brave *François*, voulu s'embarquer, & l'efponton à
Bofton aller porter. Preuve , la plus grande des preuves , que *Louis* pour l'*Angleterre* étoit bien inten-
tionné, & qu'il avoit bonne volonté de paix avec elle
conferver.

Mais l'*Angleterre* a des prétentions envieufes, tiranniques, arbitraires; le Roi ne voulant pas à leur gré s'y
prêter : l'amour propre de M.rs les *God-damn* s'eft trouvé
bleffé, & leur ancienne animofité contre la *France* s'eft
reveillée.

l'*Angleterre* fes Colonies d'une main indifcrète avoir
repouffé; celles-ci fortement déterminées à protéger,
au prix de leur fortune & de leur fang, leurs priviléges
& liberté, avoient aux *Anglois*, en *Amérique*, fur le
nez

nez bien fort donné ; on couroit aux armes de tous
côtés ; les troupes *Bretonnes* dans le nouveau monde
envoyées pour les rebelles étouffer, étoient elles mêmes
exterminées ; tout à *George* pronoſtiquoit que l'*Amérique*
de l'*Angleterre* alloit ſe ſéparer ; … dans cet état des
choſes, le déſeſpoir des *Anglois* on vit augmenter ; …
pour ſe venger, très impertinentes, très offenſantes
lettres de marque aux armateurs firent donner pour ſur
toutes les mers pirater, forbaner ; la foi de tous les
traités ſans ménagement transgreſſer ; le commerce & la
navigation des *François* troubler ; un empire tirannique
en plein Océan s'arroger ; des loix arbitraires, injuſtes,
inadmiſſibles, leur dicter ; le pavillon de ſa Majeſté inſulter, & ſon territoire tant en *Europe* qu'en *Amérique*
violer.

Si le Roi, les droits de l'humanité eût moins reſpecté,
ſi du ſang de ſes Sujets moins avare eût été, en un mot,
ſi de ſon BONIFACE caractère à l'impulſion ne ſe fût
pas laiſſé aller, s'il n'eut que ſa dignité bleſſée écouté,
à uſer de repréſailles, un inſtant n'eût pas héſité, &
par la force de ſes armes l'inſulte repouſſer.

Mais à ſon juſte reſſentiment ſilence ſa Majeſté a
impoſé : la meſure de ſes bons procédés envers l'*Angleterre* a voulu combler. Son cœur étant bon, elle
avoit de ſes ennemis aſſez bonne opinion, pour ſe
flatter qu'à force de modération & d'amicales repréſen-
tations, elle pourroit les ramener dans la voie de conciliation.

C'eſt par de ſi humaines conſidérations que *Louis* a
maint & maintes fois ſes griefs à *George* déféré, & les
lui a très ſérieuſement repréſentés, ne voulant rien
avoir à ſe reprocher, & auſſi deſirant de *George* très
fortement informer, que lui *Louis* étoit fermement diſ-
poſé à maintenir ſa dignité, les droits & intérêts de ſes

F 3   ſufujets protéger, & fon pavillon fur toutes les mers faire refpecter.

Mais *George* toujours un *filence* offenfant a affecté de garder, & lorfqu'il s'eft déterminé à parler, les faits les mieux prouvés a impudem...nt nié; des principes contraires au droit des gens, aux traités & aux loix de la mer a avancé; jugemens, & confifcations de l'injuftice la plus révoltante a autorifé, & jufqu'aux moyens d'appel a fermé.

A cela on dira que *George* eft bon garçon, qu'il ne fe mêle pas d'adminiftration;.. qu'à lui faute on ne peut imputer, que c'eft un Prince débonnaire qui B ne fauroit faire... A la bonne heure: mais, fi *George* eft bon garçon, *North* eft un fieffé fripon, qui *Lishonnine:* entaffe en çaiffons, qui guerre a cherché à entamer, qui guerre veut continuer, pour des monts d'or accumuler, & fes rejetons fur le pinacle placer. Voilà le fait que, fans avoir la berlue, on ne fauroit difputer, ni, fans faire tort au bon fens, contefter, ou autrement nier.

Ici à Me *Choifeul* à été repréfenté qu'il ne devoit pas non plus, gens infulter, fi groffierement les attaquer, & fi ouvert ment les nommer.

Choifeul a repliqué que Me *North* dans fon plaidoyer, avoit *Louis* & fon Miniftère à outrance injurié, qu'il pouvoit bien à fon tour de reprefailles ufer. l'uis Me *Etienne* d'ainfi continuer.

Tout le monde fait avec quelle bonne foi, quelle franchife, s'eft conduite fa Majefté. Toutes fes démarches ont été marquées au coin de la fincérité. Si, le Roi des *Anglois, Louis* eût eu deffein de tromper, dans l'ombre du fecret *Louis* eût fes engagemens enterré. Mais *Louis* par des principes de juftice toujours dirigé, & le defir fincère de la paix conferver, à une conduite plus

fran-

franche & plus noble s'eſt porté; au grand jour *Louis*
ſes engagemens a manifeſté, preuve qu'il n'avoit pas
deſſein de *George* leurrer.

Mais les *Anglois* qui ont la tête prêt du bonnet ont
penſé que la Majeſté de Sir *George* étoit lézée: ils ſe
ſont fâchés, & *Louis* & tous les *François* au Diable ont
donné.

Il y a un proverbe qui dit: que *contre fin n'eſt pas
bon à faire doublure*. Les *Anglois* chiens malins avoient
tramé ſous main de tenter les *Américains*; plan avoient
formé pour contre la maiſon de Bourbon les armer,
n'ayant pu à l'enſeigne de la fraternité les rallier. Auſſi
préparatifs immenſes avoient-ils à grand' force précipités, pour à *Louis* le tour jouer.

Des diſpoſitions ſi manifeſtes ont le Roi neceſſité de
ſur ſes gardes reſter. *Louis* s'eſt mis, à même de la force
par la force repouſſer, armemens dans ſes ports auſſi à
preſſé, & en *Amérique* P R I M O une Eſcadre a envoyé.

Si *Louis* eût voulu du mal faire à l'*Angleterre*, des
coups imprévus & malins eût pu lui porter, car les
Vaiſſeaux de *Louis* ont été les premiers à ſur les mers
voguer. Mais non, une parole de paix a *Louis* arrêté,
lorſque ſes terribles projets alloient éclater.

Charles d'*Eſpagne* le bonaſſe avoit mandé à *Louis*
bonifaçe, que l'*Anglois* demandoit conciliation par ſa
médiation. *Charles* ne voit pas plus loin que ſon nez,
voilà ce qui a fait *Louis* trébucher, & dans le paneau
donner. Le noſé (*) de *Vergennes* & le dameret *Sartine*,

(*) Qui ici aura beſoin de commentaire, ainſi que pour la
page 75. lig. 1. doit lire la célébre Epitre de M. *Linguet* adreſſée à
MESSIEIGNEURS *Philippeaux - Maurepas*, *Gravier - Vergennes*, Hua:
Miromeſnil &c. Il y trouvera la clef de l'énigme. Cette Epitre
14:

tins, en état de miniftère mener, comme moi de truelle
manier, ayant, comme le faute-ruiffeau *Florida-Blanca*
qui le génie d'*Aranda* n'a fûrement pas, ayant tous
trois mordu à l'hameçon font lourdement entrés en né-
gotiation.

Par d'artificieux traités, l'*Anglois* a voulu la *France*
empêtrer, & ainfi des Colonies fe venger. Qui fuivra
le commencement, le progrès & la fin des négotiations,
dira que le Miniftère *Breton* eft très fin, le *Bourbon*
très peu malin, le premier très rufé, & l'autre très peu
fenfé. Médiation infructueufe, réconciliation impraticable,
tems précieux perdu & qu'on ne rattrapera jamais,
ont prouvé que *Florida*, *Sartine*, *Gravier* fe font le
nez caffé.

Sur ce que Mr *Choifeul* venoit de lâcher, Mr *Florida-Blanca* a paru fe fâcher.

Quoi dire à un Don & noble *Monino*, jadis de *Salamanque* bachelier, & de Fils en Père, & de Père en
Fils, premier coq de fon village en pied, puis d'un
titre de *Caftille* décoré, & premier Miniftre des *Caftillans* nommé ?.. quoi à lui dire qu'il s'eft caffé le nez,
c'eft-à-dire tout jufte & tout net, qu'il eft un fot, un
bête, c'eft en plein la GRANDESSE Caftillanne choquer,
c'eft, fauf refpect, l'âne jufqu'à la bride infulter?
    MOI

légère, deftinée à égayer ces Meffieurs, donne cent coups de pied
à la dernière lourde Epitre à fon cher M. *Le Rond* pour féliciter fa
fcientifique Grace fur fon voyage en *Pruffe*, où ce Seigneur, DIT-ON,
va recrépir, ou étaler les têtes pourries de l'Academie de *Berlin*
qui menace ruine. Cette Epitre eft d'autant plus digne d'être connue,
qu'elle a été écrite dans la Jeuneffe de M. *Linguet*, & qu'elle
eft à tous égards le Chef-d'œuvre de cet homme célèbre qui né s'étoit
pas encore jetté dans le puits où la perverfité des hommes l'a forcé
de fe cacher.

Moi qui, tant d'années, à *Rome*, en Secrétaire, puis en Plénipotentiaire de sa Royale-Catholique-Majesté DON *Carlos* ai résidé ; MOI, qui le premier coup de lancette au Bienheureux St. *Ignace* ai donné; qui à la sacrée fulmination & à l'éternelle réprobation de tous les méchans garnemens de *Jésuites*, le sçeau du *Pécheur* (*) par le très SACRÉ-SAINT Père ai fait apposer; MOI, qui du grand & fameux *Gibraltar* le plan très raisonné du siége ai donné; qui, qui.... M. *Choiseul*, si jamais votre mauvais génie en *Castille* peut vous porter, à la Ste. *Inquisition* soudain je jure de vous livrer, ou aux forçats PRÉSIDES (†) vous envoyer, & là de cent quintaux de chaines, dans le plus noir cabanon, vous faire charger.

M. *Blanca*, dit M. *Choiseul* vous voulez faire le fier-à-bras, mais ici ce n'est point le cas. Je vous crois capable d'être en cour de *Rome* très bon protonotaire; & dans votre village, d'après les *instituts*, juger une affaire; mais pour guerre gérer, ou pour avec l'*Angleterre* négotier, vous, *Sartine* & *Gravier* devez vite la place à d'autres céder, si tous trois ne voulez que l'*Anglois* vous chie au nez, & qu'il aille à votre barbe, *France*, *Amérique*, *Espagne*, dans six mois narguer.

J'entens, dit M. *Blanca*, à l'instant, *Monsieur* le maître! vous voulez votre Ministère vanter, & vos pro-

____

(*) Le sçeau du *Pécheur* est, comme on sait, le cachet du *Pape* ou Moufti de *Rome*.

(†) Les PRÉSIDES d'*Afrique* sont les Nobles Galéres des DONS *Castillans*, DONS *François*, *Italiens*, ou autres, qui en *Castille* ont mal vescé, & qui en récompense aux Présides sont logés, pour la queue du Diable tirer; ils n'y sont pas par AUTO-DA-FÉ grillés, mais seulement à petit feu on les y fait crever.

prouesses rappeller, mais entre-nous soit dit : qu'avez-
vous ? du brillant, du clinquant : en votre tems, vous
avez si bien vous même les affaires géré, que de la péle
au cû on vous a donné.

Me Blanca, ne vous fachez pas, dit Me Choiseul :
mais, si j'étois à votre place, ou à celle de Sartine, je
voudrois, en une campagne, tous les Anglois faire en
un trou de souris cacher. Mais, vous autres vous n'a-
vez pas seulement le gros sens commun ; vous ne con-
noissez pas une carte marine, pas même la longitude ;...
comment, diable ! veut-on après ça que des gens puis-
sent des plans former, une campagne diriger, des in-
structions à des Amiraux donner !

Vous avez raison, Confrère, a dit l'Avocat Aranda :
mais ici faut faire attention : Blanca que voilà, n'est
qu'un valet en sous ordre ; Sartine veut faire le maître
& le grand homme, & en vérité c'est un bien petit
Sins en Cabinet. En police il pouvoit briller, & à
dire vrai, il l'avoit aisé. Mais Police, & Marine,
sont comme deux mondes opposés.

Je vous assure que de mon haut je tombai, lorsqu'il
me fut raporté que de la marine le porte-feuille lui avoit
été confié. Je dis en moi-même : C'est l'antipode du
bon sens que d'un tel emploi à un homme consier, qui,
toute sa vie, n'a fait d'autre métier que polissons, filles
de joye juger, & à Bicêtre (*), ou à l'hôpital, les
envoyer.

On

(*) Bicêtre est un antique & noble Castel d'un antique & noble
Sire de la maison de Joinville, du tems de St. Louis. C'est là
Dit-on, que le Fanatique & démoniaque St. Bernard sa Croisade
forgea, & que dans la tête du bête & bon Roi, & de tous ses
bêtes & bons vassaux l'insinua. Aujourd'hui c'est l'arche de Noé :
le recepacle de tous les scélérats, bandits, coupeurs de bourse de la
ville, fauxbourgs, banlieue de Paris & autres lieux.

On dira qu'il a pourtant bien manœuvré; que du néant marine a thé; pour çà ne faut pas être forcer: pour ça cinq cent trente deux millions à la *France* a mangé, & la *France* n'en est pas plus avancée, si non que que'ques quintaux de poudre avec les *Anglois* a échangé. En la place de *Sartine*, un Ecrivain des *Charniers* (*) pareille merveille avec pareil argent eut opéré, & avec un peu plus de docilité à l'avis de gens plus que lui éclairés, peut-être eut-il plus que lui effectué.

Je me mange les pouces, Confrère, poursuit M^e, *Aranda* de voir, qu'en trois campagnes, la *France* & sa poudre & son plomb aux moineaux a tiré !... On dira que d'*Estaing* a *Grenade* & *Grenadilles* conquêté;... On ne parle jamais de ce qu'on a perdu, mais toujours de ce qu'on a gagné. La *Grenade*, voilà, parbleu! une belle Conquête pour trois cent SEPTANTE mille *Te Deum* faire chanter, & plus de soixante millions de chandelles & fagots faire brûler, & cela à des gens qui des sabots n'ont pas même aux pieds.

Pour revenir, Confrère, avec vous je conviendrai que *Florida* & *Sartina* ne sont pas à leur place placés.

Le

(*) *Chevaliers des Sts. Innocens*, ce sont les galeries d'un Cimetière de la Capitale de *France*, où les os de ceux qui sont morts à *Paris*, depuis sept à huit mille ans, se trouvent en pile entassés, & joliment enchâssés. C'est un coup d'œil charmant & l'une des plus belles perspectives de *Paris*, pour un voyageur, un connoisseur, un amateur. Mais à cet amateur on doit conseiller d'être d'eau de senteur bien approvisionné, car de la bonne odeur du Cimetière, il risque d'être SOARD empoisonné. Sous les galeries de ce bon lieu sont des Ecrivains, du premier venu Secrétaires, qui n'ayant rien de mieux à faire, s'occupent du papier à barbouiller pour deux sous marqué.

Le premier, a raison de son esprit d'ordre & de sa régularité, à *Cadix*, chez un Négotiant pour teneur de livres pourroit être nommé, si l'écriture & la règle de TROIS savoit mieux posséder. Mais, *Monino* est né, pour dans son village le PAIN BÉNI donner, & un procès clair, en litigieux, c'est-à-dire durable le tourner, s'il y a des doublons à gagner.

Le second, sur un vaisseau de guerre pourroit comme prévôt, excellement figurer, mais vingt-cinq inspecteurs on devroit lui donner, quarante, ou cinquante Commissaires de quartier ajouter, deux, ou trois escouades de guet, seulement de cinq cent hommes chacune, & deux ou trois mille mouchards y suppléer; avec cela, je crois que bonne police sur le vaisseau de Roi, *Sartine* pourroit faire regner.

Sans lui faire du tort, si, à la tête de *Louis*, il venoit à remonter de sa place à *Sartine* redonner, ce seroit rendre service à la société; *Sartine* à son centre seroit placé; car, je crois, que, dans le Ministère logé, il ne peut que les affaires gâter, & tous les coups faire manquer.

Sartine est un parfait POLISSEUR, mais non MA-RINEUR. Il faut qu'à *Charles* je conseille de *Louis* prier, pour trente ans le lui préfèrer, pour la police à *Madrid* faire entrer, & les *Madritois* empêcher de longues simares, grands feutres, subtils stilets porter, & aussi matière fécale sur le pavé jetter, ce qui, un jour à venir, peut dans toutes les *Espagnes* la peste porter.

Je vous dirai de plus, Confrère, que votre Ministère est un suranné Ministère; il se ressent de la vieille tête de *Maurepas* qui, après avoir été près d'un demi siècle éclipsé, à *Versailles* s'est montré comme un mort réssuscité. Ce n'est pas encore là le plus grand mal, mais c'est que ses Clercs, & les Clercs de ses Clercs,

s'ar-

(93)

s'arrogent l'autorité d'au Cabinet *Caftillan* commander,
de fes plans lui diêter, & jufqu'à fa marche lui tracer.
C'eft du Cabinet *Caftillan* la plus forte marque d'im-
bécilité. Encore fi le Cabinet *François* étoit plus avifé:
mais il fait de fi forte bévues, que ça fait pitié. Je
crains bien fort, Confrère, que *Caftillans* & *François*
ne foient à la fin roffés.

Après une telle excurfion qui, dans d'un procès l'inftruction, n'a ni rime, ni rame, ni fens, ni raifon,
l'Avocat *Choifeul* au devoir rapellé, Me *Etienne* d'ainfi
de nouveau continuer.

S. M. & A. l'*Anglois* le premier la *Belle-poule*, fous
nos yeux, à la vûe même de nos côtes a attaqué; c'eft
un fait avéré; & il n'eft pas moins de notoriété que deux
autres frégates & un moindre batiment par furprife a
encore interceptés & dans fes ports amenés.

Le Roi alors de mefures changer, de fes poffeffions
affurer, & à la liberté du commerce de fes fujets veiller;
une armée navale fur l'Océan faire marcher, pour le
deffeins infidieux de fes ennemis & fes projets d'agref-
fion détourner, & les infultes faites à fon pavillon venger. Le Roi, *Par la Grace de Dieu* d'abord par fes
armes a triomphé, combat fur mer a gagné, & fon
armée a l'*Anglois* à la retraite forcé.

Depuis cette époque, hoftilités entre ennemis, fans
guerre déclarer, de toujours continuer. l'*Anglois* déclaration n'a pas donné, parceque de motifs fondés à manqué pour la Juftifier, & que d'être agreffeur *Louis* n'a
ofé accufer, après que lui *Anglois* avoit trois des bati-
mens de *Louis* publiquement enlevés. l'*Anglois* eut eu
trop de vergogne: après avoir aux *Indes* des ordres
clandeftinement fait paffer pour les poffeffions de *Louis*
fourdement y attaquer, l'*Europe* éclairée, l'*Anglois* de
perfide eut traité.

Si

(94)

Si *Louis* a tant diffété d'à la connoiffance de toutes
les nations la multiplicité de fes griefs porter, & d'aux
puiffances démontrer l'abfolue néceffité où il a été
d'efcadres & flotes armer, c'eft que *Louis* s'étoit flaté
que *George* en lui-même pourroit rentrer, & que la
Juftice, la bonne foi, plus encore fa pofition critique,
à la pacification pourroient le porter, & l'engager de
conduite changer.

l'*Anglois*, entre tems, d'émiffaires détacher pour les
difpofitions de *Louis* fonder, & à *Charles* d'Efpagne de
nouveau paroles de paix donner;.. & *Louis*, loin de
quitter les fentimens pacifiques qu'il a toujours démon-
trés, de rechef aux nouvelles exhortations de *Charles*
& aux infinuations de *George* fe prêter; & pour mieux
convaincre l'*Anglois* de fa perféverance & de fa fincérité, fans réferve de déclarer les modérés conditions
aux quelles il étoit prêt d'armes dépofer. *Charles* à
George les fentimens fincères de *Louis* communiquer,
& de *George* preffer d'un prompt rapprochement effectuer;.. mais *George* en feignant toujours de paix fou-
haiter, toujours des articles déclinatoires & inadmiffi-
bles à *Charles* propofer.

Il étoit donc évident que l'*Anglois* ne vouloit point
de paix, & qu'il n'avoit toujours par fes démarches
fourdes, & fes infinuations infidieufes que cherché à tems
gagner pour fes armes préparer. Nonobftant, *Charles*
à *Louis* d'une trève à longues années de nouveau propofer, & *Louis* de rechef d'un tel plan agiter, pour
tous moyens épuifer qui pourroient l'effufion du fang
humain arrêter, & *George* de toutes conditions raifonnables refufer, & de la manière la plus choquante les
rejetter.

Alors de guerre continuer urgente néceffité, & *Louis*
de *Charles* inviter pour, en vertu de leurs engagemens,
leurs

(95)

leurs armes lier, & ensemble leurs griefs respectifs venger, & un terme aussi poser à l'empire tirannique que
sur toutes les mers l'Anglois a usurpé, & qu'on dépit de
toutes les Puissances il prétend conserver.

D'après un si succint exposé des vues politiques, des
procédés, & des successifs événemens qui rupture entre
Louis & *George* ont occasionnée, LEURS MAJESTÉS
& ALTESSES peuvent la conduite de *George* & de
Louis ensemble comparer, & rendre justice à la pureté,
& à la droiture des intentions qui *Louis* ont dirigé, &
enfin juger le quel des deux Souverains de *George* &
de *Louis* pour auteur de la guerre peut passer, & être
comptable déclaré de toutes les calamités qu'après elle
peut entraîner.

Enfin l'Avocat *Choiseul* d'ainsi terminer.

S. M. & A. Il est plus que prouvé qu'équitable est la
conduite du Roi de *France*; que ses démarches sont
conséquentes & ses armes parlantes. Le Roi des *Anglois* a *Louis* forcé de guerroïer, c'est constaté : le
monde entier peut déclarer l'affront fait à son pavillon :
& *Louis* peut prouver à toute nation sa juste raison.

l'*Anglois* tous les traités a violé; la sureté publique,
la liberté des mers, l'indépendance des nations attaqué;
tous les Souverains outragé d'une manière qu'on ne
sauroit justifier. C'est pour au devoir l'*Anglois* superbe
ramener, que *Louis* en Conseil a arrêté de guerre, pendant cent ans, s'il le faut, continuer, pour le droit des
gens venger, & la liberté du commerce & de la navigation de toute nation par tout l'Océan assurer.

Ici le Roi de *France* à son tour de parler.

S. M. & A. a dit *Louis*, par plus de cent chefs il
peut conster que justice est de mon côté. *George* a
provoqué ma Majesté, c'est avéré : ma dignité à outrance
a insulté, & mon territoire dans les deux mondes violé.

Des

Des preuves les plus évidentes de mon honneur & probité, & de mon amour pour la paix, à vos nobles Puissances à plus d'une reprise ai donné, depuis que sur le trône la Providence m'a fait monter. Des griefs multipliés avec franchise à *George* ai déféré, & *George* toujours de promettre & d'éluder, & de toujours continuer à m'outrager. l'*Amérique* de la révolte ayant le voile levé; à l'*Angleterre* mon désintéressement ai prouvé, & mon indifférence pour les *Bostoniens* nombre d'années ai manifesté. Mais l'*Amérique* dans sa fabrique ayant forgé un traité de Souveraineté, ses griefs à *St. James* ayant déféré, *St. James* ses pétitions & adresses ayant odieusement rejetté, puis les *Anglois* ayant été en l'autre monde joliment frotés, & ne pouvant que désespérer des *Bostoniens* au giron de la mere-patrie ramener; alors le *St. James* de machiner sourdement auprès des Agens, qui étoient à ma Cour résidents, pour les tourner à contre moi se liguer, pour des tours ensemble me jouer. Les *Américains* déterminés à de l'*Angleterre* le joug sécouer, aux insidieuses avances de *St. James* de se prêter ont refusé, & un traité d'alliance m'ont proposé. Moi d'abord de m'y refuser, & de toute proposition de leur part rejetter. Mais l'*Anglois* téméraire de flotes terribles armer, pour guerre me déclarer, puis ordres clandestins aux *Indes* envoyer pour de mes possessions s'y emparer. Puis une de mes frégates à la vûe d'un de mes ports attaquer, mes vaisseaux en *Angleterre* amener, mes sujets en *Tartares* sur leurs propres vaisseaux traiter; alors moi de mesures & d'allures, & de ton & de musique changer, de vaisseaux aussi armer pour sur l'Océan me faire respecter. Pour l'effusion du sang humain arrêter, en pacifique Prince, deux fois aux ouvertures de paix me suis prêté avec sincérité. Mais l'*Anglois* politique insidieux &

ca-

tâché, toujours de propofitions raifonnables éluder, &
toujours s'étudier à tems gagner, pour mieux fon jeu
jouer, & de l'*Amérique* les pots caffés me faire payer.
Alors dans une jufte & inévitable guerre par *George*
entraîné, en vertu de fes mauvais procédés, *Charles*
d'*Efpagne* ai invité, au rapport de nos engagemens, à
fes armes aux miennes allier pour de communes injures
venger, nos mutuelles poffeffions affurer, & le repos du
monde, fi poffible, pour un long avenir confolider.

Ici, le Roi d'*Efpagne*, fauf refpect pour fon grand
nez, en FRANÇOIS-ESPAGNOLIFIÉ, *Charles* par
ainfi platement de s'expliquer.

l'*Anglois* infidéle dit que je n'ai pas de cervelle : que
fi je ne fuis pas tout-à-fait en démence, je fuis par
fois en enfance : que je fuis un Roi de CŒUR & que
mon Confeffeur a de l'adminiftration les très amples pro-
vifions, & qu'il eft tout de bon Roi de *Caftille* & de *Léon*,
MOI, je fuis un homme formé &, à foixante quatre
ans, on doit bien être fenfé. J'ai bien l'âge de raifon,
puifque je fuis & barbon & grifon, & Père & Grand-Père.

Or çà, l'affaire, c'eft que nous fommes en guerre,
MOI mon neveu & fiéce contre l'*Angleterre*. Le cas
eft férieux : nous ferons de notre mieux pour abattre
l'infolence, ruiner la prépotence du léopard qui eft déjà
cornard. Tant & tant nous bataillerons que les *Anglois*
fe lafferont, que *Gibraltar* rendront, que l'*Amérique*
INDÉPENDANTE reconnoîtront, que la paix à cors
& à cris demanderont.

Voilà ma réfolution: mes Avocats à VOS MAJESTÉS
& ALTESSES amplement détailleront les griefs de *Charles* d'*Efpagne-Bourbon*.

Charles s'étant expliqué, l'Avocat *Aranda* profondément s'eft incliné, & tout le tribunal ayant affez long-
tems de fa baffe vûe lorgné, ainfi Mé *Aranda* a péroré.

AU-

Augustissimes & Sérénissimes Majestés & Altesses!

C'est à votre tribunal que *Charles* très loyal a décidé que son procès seroit porté. Il a même raison que *Louis de Bourbon*, c'est pour commune affaire qu'il fait la guerre contre l'*Angleterre*. *George* a provoqué la Catholique Majesté, son pavillon a insulté, son territoire dans les deux mondes violé, & de son territoire aussi s'est emparé. Pour s'en venger à son neveu très Chrétien *Charles* s'est lié, & ensemble ont décidé de leurs armes sur terre & sur mer porter, & tous les *Anglois*, si possible, exterminer. La paix entre *Louis & George*, *Charles* d'abord a voulu négotier, la bien assurer, la bien cimenter, *Louis* de bon cœur s'y est prêté, & *George* obstinément s'y est refusé : C'est un entêté qui *Américains* a voulu sangfuer, qui les *Anglois* veut saigner, pour en despote Souverain dominer. Son honneur & sa probité *Charles* aux yeux de l'*Europe* a tant de fois manifesté, que pour le plus honnête homme de Roi qui ait jamais existé, *Charles* avec raison peut passer. En frère uterin, frère germain, *Charles* à *George* a parlé, les propositions les plus modérées lui a fait porter, *Charles* vouloit de nouveau la paix renouer, sus ses propres griefs l'éponge passer, pour la tranquillité de l'*Europe* de nouveau rapeller ; mais *George* est un obstiné qui de son reste apparemment veut jouer, pour en *Angleterre* profondément sur le trône se ancrer, ou vite aller la mer repasser, pour en *Hanovre* le reste de sa vie passer. *George* de plus ayant la Catholique Majesté paru insulter par ses démarches peu mesurées, l'ayant même injuriée & faut dire bafouée ; *George* ayant *Charles* de partial qualifié, l'ayant accusé d'être aux ennemis

mis

tils de la *Grande Bretagne* attaché, & de n'être capable que des conditions inégales propoſer, de plus, ayant
comme inſinué que *Charles* étoit bon à le daim & le
cerf chaſſer, & non d'affaires de gouvernement ſe mêler;
qu'il devoit à *St. Yago* des coquilles en pélerin aller
chercher, ou des *Sts. Suaires* par les *Espagnes* débiter, ou les cloches dans les CONVENTS aller ſonner,
&, en tems de tonnerre, l'EAU BÉNITE jetter   De
telles choſes inſinuer, a dit Me *Aranda*, c'eſt au premier
chef crime de LEZE-MAJESTÉ; c'eſt *Charles* provoquer de *George* en duel apeller.   Auſſi *Charles* a-t-il
juré d'à *George* ne pas donner quartier ; & de plûtôt
toutes les *Espagnes* exterminer, que de ne pas de l'*Amérique* tous les *Anglois* expulſer, & dans leur île de
papier maché les confiner pour l'éternité....

Me *Aranda* ayant terminé, Me *Florida-Blanca* s'eſt
avancé, chapeau baiſſé, papiers déployés, a ainſi ar-
gumenté.

CELSÍSSIMES, AMPLISSIMES, GRAN-DISSIMES, EXELLENTISSIMES, SÉRÉNISSIMES MAJESTÉS & ALTESSES!

Depuis le traité de *Paris*, *Charles* a eu plus d'un déni
des *Anglois* mal-faiſans qui cherchent noiſe à tout venant; qui entrent dans les Etabliſſemens, qui tuent, qui
pillent, s'emparent de tout à bon eſcient.   A la baye
d'*Honduras* territoire du Roi, les *Anglois* ont enfreint
la loi, transgreſſé les traités qu'ils ont ſignés, & qu'ils
n'ont pas obſervés; dans les terres de l'*Inde* fort avant
ſe ſont avancés, les habitans ont fait révolter; ſabres
& bayonnettes leur ont donné, ſous le nom & couvert
de l'amitié.

Paris,

Ports, rivières, havres, & côtes ont fouillé, y sont entrés, s'y sont plantés, du bois à *Campêche* sans permission ont coupé, terrein volé, domination usurpé, & la contrebande par tout exercé Milices ont levé, troupes formé, colons débauché; c'est vérité qu'on ne peut nier. Les *Indiens* Souverains ont détourné de notre amitié, les Alliés ont soulevé, secours leur ont prêté, fusils & cartouches donné pour nous tuer; nos patriotes ont emprisonnés, bastonnés, sabrés , ou fort au loin chassés.

Par les *Anglois* à force ouverte, dans l'*Inde* avons été attaqués , l'an passé, c'est constaté: un Capitaine a été blessé, & maint *Espagnol* faits prisonniers; à tous excès ces *Anglois* se sont portés par tout où ils ont mis le pied pour négotier. Le pavillon de *Charles* avec audace ont insulté , son territoire violé, sa navigation intercepté & le commerce de ses sujets interloqué. Nombre de vaisseaux ont capturé , effets , hardes , ont pillé, volé; pirateries & violences par toute mer exercé. Nos matelots, en pleine paix, à coup de canons ont salué les fers aux pieds & mains leur ont planté, puis sous le tillac les ont enfermés.

Le drapeau Royal par dérision ont fait baisser, le visage s'en sont frotés, la sueur en ont essuyée, & avec indécence s'en sont mouchés : bref, avec ignominie les *Anglois* ont traité l'*Espagnol* pavillon comme un torchon.

Maintes plaintes avons porté : remontrances avons réitéré : réparations avons demandé , & pas un zeste n'avons gagné. Toujours envers *George* de bons procédés avons usé, prudence avons exercé, patience avons montré , mais plus d'une fois de guerre ouverte avons été menacés, plus d'une fois avons été gravement molestés, vivement piqués, car les *Anglois* sont des bougres déterminés.

On

On peut attester avec vérité qu'au milieu des disputes entre l'*Angleterre*, l'*Amérique* & la *France* élevées, *Charles* a démontré une noble impartialité. *George* ayant témoigné la médiation de *Charles* desirer, *Charles* gracieusement s'est prêté à tout différent entre Puissances belligérantes terminer.

Charles dans sa sagesse a adopté les mesures les plus efficaces pour les parties désunies à un accommodement également honorable porter; des moyens sages *Charles* a proposé, propres à toute difficulté écarter, & prévenir de la guerre les calamités. Mais *George* par sa conduite peu sensée, son peu d'inclination a indiqué à la paix de l'*Europe* conserver.

Entre tems, la marine de *George*, le pavillon de *Charles* insulter; ces insultes à un point incroyable porter; sur ses territoires commettre toute sorte d'excès; de ses sujets saisir la propriété; leurs vaisseaux fouiller, piller, eux mêmes vilainement traiter, les bastonner, les emprisonner, à coups de boulets rouges chercher à les exterminer; les Etats de *Charles* en *Amérique* ouvertement menacer; sur la province de *Darien* & sur la côte de *Saint-Blas* la souveraineté usurper; les nations *Indiennes* soulever contre les peuples innocens & paisibles de sa Majesté, pour être à la barbarie de ces sauvages inhumainement sacrifiés, & comme en boucherie! par eux égorgés, si ces sauvages de remords touchés, n'eussent eux-mêmes toutes les manœuvres de la séduction *Bretonne* révélé.

Des griefs si nombreux & de leur nature si sérieux, des sujets de plaintes, en différens tems, ont occasionnés; mais dans les réponses à ces plaintes, *George*, quoiqu'en usant des expressions d'amitié, à *Charles* jamais de satisfaction n'a donné, au contraire les insultes envers *Charles* toujours continuer.

G 2

Char-

Charles avec candeur & fincérité à *George* a déclaré,
que vû les infultes multipliées, & atteintes à fes droits
portées, il étoit dans l'indifpenfable néceffité de prendre
un parti décidé, de lui-même fe faire la juftice qu'il
avoit envain follicitée.

Malgré les difpofitions pacifiques de *Charles* & fon
inclination particulière à de *George* l'amitié cultiver, dans
la douloureufe néceffité *Charles* s'eft trouvé d'ufer de
tous les moyens que le tout puiffant lui a donnés, pour
George à la raifon ramener.

Et ici, l'Avocat *Florida-Blanca* par ainfi de terminer :

Vos Majestés & Altesses font d'après cet expofé
en état de décider, fi *Charles* a la juftice de fon côté,
& fi à *Charles* on peut imputer les torrens de fang qui
dans cette guerre vont être verfés.

Et ici, *Benjamin* de parler foudain : c'eft ce *Franklin*
venu de l'*Amérique* en patins ; la grande pancarte il a
en mains ; c'eft la déclaration des *Etats-Unis* en confédération ; de L'Indépendance par bonnes raifons il demande confirmation.

HAUTISSIMES, GRANDISSIMES, SUBLI-
MISSIMES, EXCELLENTISSIMES, SÉRÉ-
NISSIMES MAJESTÉS & ALTESSES!

Le Souverain arbitre des événemens humains dans fes
éternels décrets a arrêté, que le nouveau monde de
l'ancien, un jour devoit fe féparer. Par la providence
divine protégés, de la terre de fervitude nous fommes
retirés, & à travers un mer de fang à la liberté heureufement fommes arrivés.

d'Une

D'une contrée d'oppression, à la tirannie par une main toute puissante miséricordieusement arrachés, à travers un désert de difficultés, y serions-nous encore ramenés de chaînes chargés ? Eh ! telle seroit-elle de l'*Amérique* la fatalité ?

Quand un peuple gémit & succombe sous le poids de ses fers, & quand dans un enchaînement continu d'insultes, de manœuvres, de véxations, d'entreprises & d'usurpations qui toutes visent à le façonner au joug d'une obéissance passive sous les ordres tiranniques d'un despotisme absolu, il découvre le dessein formé de le réduire sous le joug de la plus inhumaine tirannie, alors la justice & la vertu lui prescrivent, comme un devoir, d'user du droit qu'il a de briser les chaînes que le despotisme lui préparoit, de changer la forme de son gouvernement, de nommer, à la place de ses despotes, de nouveau chefs revêtus d'une autorité établie sur les mêmes principes que ses droits.

Nous tenons pour évidentes vérités que tous les hommes ont été égaux créés; que le Créateur les a tous de certains droits inaliénables doués ; que ce fut pour la jouissance de ces droits s'assurer, que les hommes les gouvernemens ont institué, gouvernemens qui tiennent leur juste pouvoir des gouvernés ; que quand un gouvernement ne répond pas au but institué, le peuple a le droit de la forme en changer, ou de l'abolir, pour une autre lui substituer, dont la base sur de tels principes soit posée, & dont les pouvoirs soient tellement organisés, que le bonheur public & la sûreté il en doive infailliblement résulter.

C'est dans ces vues que les Colonies *Américaines* S. M. & A. justement alarmées des progrès d'une autorité qui ne s'est occupée qu'à des fers leur forger, ont senti l'urgente nécessité de leurs anciens systêmes de gouverne-

ment

G 4

ment abandonner , & de prendre , parmi les puiffances
de la terre, le rang égal & diftinct que lui affignent les
loix de la nature & du Dieu de la nature.

Ces paroles, "Le Prince eft déchargé de l'obligation
d'obferver les loix" *Princeps legibus folutus eft* ; (Digeft, lib. 3. tit. 3. de leg. & ces autres: " Ce qui plaît
au Roi a force de loi:" *quod principi placuit legis habet
vigorem* ; (Digeft. lib. 1. tit. 4) font autant de blafphê-
mes inventés par des defpotes, *l'être ignorans & fauvages, qui mutilent & gardent leurs troupeaux pour la
voracité des loups.*

C'eft, de tels principes imbù, que *George* dont le
regne eft marqué par tous les traits qui font reconnoître
le tiran, a forcé les Colonies paifibles & tranquilles de
l'*Amérique* à fe relever envers lui de leur ferment d'*allé-
geance* , à rompre toute liaifon , toute correfpondance
politique entr'elles & la *Grande-Brétagne*, & à fe déclarer folemnellement Etats libres & indépendans

" Jufqu'à ce moment nous n'avons pas manqué d'attention pour nos frères les *Bretons*. En divers tems leur
avons fait obferver les tentatives arbitraires de leur Roi,
pour étendre fur les Colonies une jurisdiction deftruc-
tive de tous nos droits. Nous en avons appellé à
leur juftice & à leur magnanimité, & par les nœuds du
fang les avons conjurés de telles ufurpations défavouer,
mais fourds ont été à la voix de la juftice & de la nature,
ceux que nous avions toujours chéris comme nos frères
& nos anciens amis. Nous avons donc dû céder à la
trifte néceffi é d'avec eux nous féparer, & de déformais
les confidérer ainfi que le refte des hommes, comme
nos ennemis en guerre, & nos amis en paix.

En conféquence, & nos vies, & nos biens, & ce qu'il
y a au monde de plus facré, notre honneur , avons
mutuellement les uns envers les autres engagé.

Un

. Un Prince, par fes paffions & par un miniftère fang
fageffe gouverné, n'eft point du tout propre à un peuple
libre commander.

A des loix juftes & néceffaires pour le bien publie,
George fon confentement a réfufé. — Des loix d'une
importance immédiate & urgente à fes gouverneurs a
défendu de paffer, à moins du droit de repréfentation
dans le corps légiflatif abandonner; droit pour les peuples ineftimable, & aux feuls tirans formidable. — Il
a diffous plufieurs fois des corps repréfentatifs, pour
s'être avec une mâle fermeté à fes entreprifes fur les
droits du peuple oppofés — l'Adminiftration de la
iuftice a gêné: les juges a rendus dépendans de fa volon-
te — Des effaims de jurisconfultes & d'employés en
Amérique a envoyé qui font venus les terres & les
colons dévorer — Le commerce avec toutes les nations
de la terre nous a prohibé. — Nos priviléges a révo-
qué. — Le gouvernement des Colonies a abdiqué, fa
protection en a retiré, & les afferrir par la force des
armes a cherché. — Pirateries fur nos mers a exercé,
nos côtes ravagé, nos villes brulé, & dans nos campagnes la défolation & la mort porté. — De troupes
nombreufes de mercénaires étrangers dans nos colonies
a fait paffer, pour fes œuvres de mort, de défolation
& de tirannie confommer. — Les *Américains* pris en
mer il a obligé à contre leur patrie les armes porter.
— Des foulévemens domeftiques parmi nous a excité;
nos frontières par des fauvages impitoyables a fait rava-
ger, qui, dans la guerre, fe font une loi de tout exterminer. — A chacun de ces dégrés d'oppreffions, humbles remontrances lui avons adreffé, pour le redreffement
de nos griefs lui demander, mais toujours avec dédain
avons été rejettés. — C'étoit donc une conféquente
néceffité que le peuple dans l'exercice de la puiffance

G 5 14-

législative, par elle-même indestructible, peut rentrer: sa suspension eut l'Etat à tous les dangers d'une invasion du dehors exposé, & le dedans dans les plus funestes désordres jetté.

A ces considérations, S. M. & A. les représentans des Colonies en Congrès Général assemblés, après avoir pris Dieu & l'univers à temoins de leur droiture & sincérité, au nom & de l'autorité de leurs Constituans solemnelle- ment ont déclaré de l'Amérique l'Indépendance & Sou- veraineté, milices en conséquence ont assemblé, troupes en bataillons, en régimens formé, & en bataille rangée avec les stipendiaires de George se sont mesuré. Dans des jours de foiblesse & d'enfance avant que leurs mains fussent à la guerre formées, & leurs doigts au combat dressés, sans amis, sans alliés, seuls & à eux-mêmes livrés, contre la fureur de leurs enhemis les Américains ont résisté avec succès: drapeaux sans nombre aux Bre- tons ont arraché: leurs trophées en ont paré, & leurs triomphes orné.

La France & l'Espagne par l'orgueil Anglois souvent insultées, & de la marche de son ambition justement alarmées, dans la carrière contre l'Angleterre avec l'Amérique sont entreés C'est, après avoir de tous bons procédés, comme Louis & Charles, la mesure comblé, que les Américains se sont decidés à casaque tourner contre un Gouvernement qui ne ressemble qu'à un plan de rapines, d'incendies & de sang, qui par la violation la plus impie des droits de la religion, des gens & de l'humanité, la vengeance du Ciel a apellé, après avoir, avec révolte, à la protection du Tout-Puissant renoncé, & sur sa tête anathèmes sur anathèmes entassés.

Après qu'aux Américains la Providence, du succès à leurs armes a donné, & leur efforts couronnés, les représentans du Congrès ont la confiance d'espérer que leurs

leurs INDEPENDANCE & SOUVERAINETÉ feront des nobles PUISSANCES hautement confirmées.

Ici, *Bute* & *North* de répliquer, *George* les dents grincer, des pieds trépigner, les cheveux s'arracher comme un possédé, se démener comme un homme du Diable tourmenté, & dans le ventre du quel cent cochons sont entrés.

l'*Amérique* est fanatique, hérétique, schismatique, a dit l'Avocat *North*. — Oui, l'*Amérique* est im-politique, a dit l'Avocat *Bute*, & de plus, ses propos, actes, déclarations sont mal sonans, cotonnans, & en sus impertinens. — Oui, ils choquent le bon sens, a dit Me *North*. & de plus, SÉRÉNISSIMES MAJESTÉS & ALTESSES, le Congrès très grossier, sans politesse & sans usage du monde, faut croire, a, *George* en paroles & écrits très maltraité, qualifications odieuses lui a donné que jamais il n'a méritées.

VOS ALTESSES & MAJESTÉS, savent comme moi que *George* est bon Roi. C'est un Souverain bon comme le pain. Il est sans fiel, sans malice, toujours de sa fabrique occupé, au mal ne peut songer. — *George* est bon mari, il vit avec sa femme, & sa femme avec lui: tous deux en bonne union & connexion, comme une paire de pigeons. *George* est paternel Souverain : il soigne les *Anglois* comme des poulets : il aimoit les *Américains* plus qu'on n'aime des Cousins germains. *George* Roi leur donnoit de bonnes loix. Ces Canailles qu'un jour, MOI *North* je ferai pendre, rouer, brûler, pour un misérable bill se sont révoltés; ils ont guerroié, & sans le Roi de *France* ils eussent été fessés. Or donc faute à *Louis de Bourbon*, & à lui seul correction. Si les *Américains* ne sont plus *Anglois*, c'est la faute des *François*; s'ils sont INDÉPENDANS, ce n'est pas par leurs belles dents; — mais les *François*, les ont mali-
ci-

eleusement aidés, & sur le pinacle placés. — Or, MESSEIGNEURS, Eſt il de droit & de raiſon d'uſer entre Souverains de pareille trahiſon? & *Louis de Bourbon* n'eſt-il pas digne de repréhenſion, & ne mérite-t-il pas Caſtigation?...

Oui, *Louis* a très fort mérité d'être *Caſtigué* a dit Me *Bute*. On doit à LA TOUR *Louis* enfermer & cent ans l'y laiſſer. Ce SIRE *Louis Bourbon* eſt cent fois plus fripon que SIR *George Gordon*. Ce dernier a torche ardente dans *Londres* porté, quelques cahutes, quelques chapelles & images a brûlé ;... mais le premier à dix-huit cent lieûes la premiere étincelle de feu a jetté, & toute l'*Europe* & tout le monde peût-être va embraſer.

Ça pourroit arriver, a dit le Prince d'*Orange*. En *Hollande*, zizanie *Louis* a ſemé, & à la grande cité le tocſin a fait ſonner. Sans ma ſcience, ſageſſe, prudence : les ſept Provinces des *Païs-Bas*, *Bourbon* eût incendié, & de là, le feu par tout le monde ſe feroit communiqué. Mon ALTESSE toute l'*Europe*, tout l'univers doit remercier, & à ma profonde politique des éloges donner. Car, ſans moi, par ma foi, tout le monde ſeroit peut-être à cette heure brûlé, & peut-être que dans tout l'univers il n'y auroit pas une maiſon en pied.

Et ici, Me *North* d'ajoûter, que l'impulitique Congrès thèſes hardies a avancé qui tendent aux fondemens de tous les Etats ſaper, tous les peuples à la révolte pouſſer, & Princes & Rois faire aſſiſſiner : que ſi les nations venoient à ſes maximes & théorie adopter, il n'y auroit pas au monde de ſureté, qu'on verroit les hommes à *tout bout de champ* la gorge ſe couper, dans la pouſſière ſe renverſer & dans le ſang ſe baigner.

Et ici, Me *North* d'être vivement ſecondé, fortement appuyé par tous les bouchers, & Monſieur *Waldeck*, en-

(109)

entr'autres, d'avancer " que les Princes doivent les peuples fouler, s'ils ne veulent eux-mêmes en être écrasés;
qu'on doit les ailes leur couper pour les empêcher de
trop haut voler, qu'il est dangereux que les peuples soient
heureux : que le peuple est une bête indocile, têtue,
ingrate, un animal féroce, dur à l'éperon, pouffif, rétif,
capable de Princes mutiler, manger, dévorer : que le
peuple dans fes idées fombres, dans fa bile noire, dans
fon fanatifme atroce, lorfqu'il vient à faire explofion,
a le vol de l'aigle, la viteffe du cerf, la force du taureau, les griffes du lion, les écailles du crocodile, & la
dent du rhinocéros : que fi on n'a foin de l'effrayer fans
ceffe par des potences " des bûchers, il peut dans le
néant Princes & Rois faire rentrer : qu'un Prince fenfé
doit pour fa fureté, avoir une verge de fer, toujours,
fur la tête de fon peuple levée, pour à l'inftant l'en frap-
per, lorfqu'il vient du droit chemin à s'écarter. — Enfin,
qu'il ne fauroit y avoir trop de bourreaux & de gibets
dans le monde."

A ce propos *Franklin* bénignement a fouhaité que les
rhumatifmes, la goute, le mal de dents, la vérole, la
gravelle, la migraine, la rogne, la teigne, la pefte,
pourroient dans le Corps du Prince *Waldeck* enfemble
entrer, pour avoir théfes fi odieufes ofé hazarder.

Et ici, *North* de demander que les pétitions de *Franklin* foyent rejettées, que l'Indépendance de l'*Amérique*
ne foit point par les nobles PUISSANCES ratifiée, &
que *Louis* & *Charles Bourbon* foyent condamnés à tous
dépens & dommages payer.

Et ici, le Prince *Waldeck*, au nom de tous fes confrères bouchers, de nouveau avancer, que de l'*Amérique* la
SOUVERAINETÉ ne feroit jamais par lui *Waldeck*
confirmée, & qu'elle étoit de tous fes confrères hautement défavouée.

Et

Et ici, altercations, contestations, débats, bacanal, tapage; les uns vouloient l'indépendance de l'*Amérique* ratifier, les autres, tous les *Américains* rebelles & félons déclarer, & ainsi les faire châtier; & Me *Choiseul* d'au tribunal notifier que *Louis* & *Charles* ont juré de PAR LES PUISSANCES faire légaliser du Congrès la Souveraineté.

Et ici, le Roi de *Sardaigne* raporteur de l'affaire nommé, d'ainsi la raporter

L'affaire qui occupe en ce moment ce tribunal auguste, est de nature à mériter de fixer des nobles PUISSANCES l'attention, & à être par elles prise en mure considération. Il s'agit de guerre terminer, d'effusion de sang arrêter, de l'*Amérique* au rang des Puissances placer, ou de la faire rétrograder

Pour l'indépendance du nouveau monde effectuer, un peuple s'est avisé des liens de la dépendance briser, & de ses maîtres le joug secouer. Il prétend qu'il en étoit opprimé, mais ce fait n'est pas encore bien prouvé. Aux armes ce peuple est volé: avec les armes de ses maîtres s'est mesuré, Indépendance, de son chef, a déclaré, & Souveraineté publiquement affiché.

Par traité avec ce peuple passé, *Louis* & *Charles Bourbon* en guerre contre *George d'Hanovre* sont entrés, pour sa *Souveraineté* appuyer, & les *Américains* de l'*Angleterre* faire triompher.

Ces circonstances événemens malheureux ont amené, & le flambeau de la guerre en *Amérique* allumé menace à ce moment de tout le monde embraser.

l'*Anglois* a taxé le *François* de félonie, de perfidie, de trahison, de dissimulation, à la face de toutes les nations.

Le *François* a à tout l'univers l'*Anglois* dénoncé, comme voulant de l'Empire des mers s'emparer, monarchie

chie univerfelle par tout l'océan fondée , tous les peuples mal rifer & à tous des chaînes leur forger.

l'*Efpagnol* n'a parlé que des procédés arbitraires & de
la tirannie de l'*Anglois* ; des ufurpations , des infultes,
des griefs multipliés qu'il a à lui reprocher.

De tous côtés manifeftes , d'après la coutume , on a
publié , pour fe juftifier.

l'*Anglois* a dit : l'*Américain* eft rebelle , parricide , enfant dénaturé : le *François* perfide , d'avarice & d'ambition dévoré , de tout voulant s'emparer , & domination
excluſive par tout le monde exercer ; l'*Efpagnol* fanatique , injufte , traître , menteur & dupe.

l'*Américain* a dit : l'*Anglois* eft un defpote , un tiran :
l'*Angleterre* une marâtre qui a corçu le projet déterminé , de la fortune de fes enfans s'approprier , de leur
fang fuc .r , de toute l'*Amérique* épuifer.

Le *François* a dit : l'*Américain* a raifon de fecouer
une injufte domination , d'un droit ufer , dont l'hiftoire
Angloife conftate la légitimité : égards , patience , bons
procédés avons épuifé , pour être difpenfés de l'épée tirer :
par fon orgueil , fa hauteur , fes injuftices , l'*Anglois* a
provoqué les botes fecretes qu'on va lui porter.

l'*Efpagnol* a dit : l'*Anglois* notre médiation a dédaigné ,
de nous s eft moqué , droit des gens envers nous a violé ,
defpotiſme hautain , impérieux a adopté , au quel il eft
tems de rémédier.

* Le Roi de *Sardaigne* par ainfi de terminer.

S. M. & A. voilà l'affaire telle qu'on peut avec vérité ,
avec probité , la raporter ; à Vos Nobles Puissances appartient en ce moment de prononçer.

Et ici , M<u>c</u> *North* de nouveau parler.

Sérénissimes Majestés & Altesses ! Ce
feroit à tort que *George* feroit condamné , car *George* a
la moderation la plus marquée ; du refpeÐ le plus profond

fond pour vos nobles PUISSANCES *George* eſt péné-
tré ; la félicité des hommes perſonne plus que lui né
peut deſirer , & aucun Roi plus que lui n'a jamais tant
ſouhaité de l'effuſion du ſang humain arrêter , & de paix
ſur terre cimenter pendant toute l'éternité.

Et ici un membre du tribunal qu'il ſeroit inconſéquent
de nommer , par ainſi de s'énoncer.

S. M. & A. depuis que *Louis* ouvertement pour les
rebelles *Américains* s'eſt déclaré , il y a quatre ans paſſés , les vaſtes & dangereux deſſeins a achevé de déve-
lopper que le pacte de famille avoit déja à l'*Europe*
annoncés.

George eſt un Prince ſage , prudent , modéré , qui le
fléau de la guerre , du globe a tâché d'éloigner , crainte
de toutes les Puiſſances y envelopper.

Par une conduite pareille , la maiſon de *Bourbon* s'eſt
crue encouragée au point , qu'après avoir perfidement
des ſujets rebelles excité , ſous le voile trompeur de
l'amitié , du commerce , de l'indépendance & de la
liberté , à le poignard dans le ſein de l'*Angleterre* plon-
ger ; non contente d'un ſi hoſtile procédé , une invaſion
dans les iſles *Bretones* a projeté , & avec l'appareil impérieux de ſon ambition à l'*Europe* l'a annoncé.

Louis a toute la faute de ſon côté : car après avoir
dans ſes projets hoſtiles *Charles* entraîné , ſans pouvoir
aucun motif plauſible alléguer , pour ſa conduite colorer ,
de plus en plus ſes deſſeins perfides & dangereux a fait
éclater , ſans paroître les Puiſſances , reſpecter , au contraire publiquement afficher de vouloir toutes les braver.

Les Puiſſances en corps ne doivent-elles donc pas
être vénérées? & comment donc la maiſon de *Bourbon*
peut-elle ſe juſtifier d'avoir ainſi hazardé de tous les
Souverains enſemble narguer?

l'*Au-*

l'*Angleterre* a fon fang & fes tréfors en prodigue
verfe, pour toutes les nations du monde aider à brifer
les fers, dont la maifon de *Bourbon* a tant de fois cherché à les charger. Je croirois faire tort à la connoiffance des nobles PUISSANCES que de l'hiftoire des
projets fanguinaires de la *France* leur rapeller. Je me
contenterai d'obferver qu'au preffant danger, prompt
remède doit être apporté. C'eft la caufe de toutes les
nations que je veux en ce moment plaider, leurs intérêts
les plus chers que je veux protéger, & aux lumières
& à la juftice des nobles Puiffances en apeller.

La malice & l'envie des ennemis de l'*Angleterre* font
des plus caractérifées: les vues ambitieufes de la maifon
de *Bourbon* des plus marquées: elle veut tout écrafer,
pour fur tout dominer; fi les Puiffances lui laiffent fon
fyftême fur bafe ftable affurer, alors de l'*Europe* plus
de liberté, plus de fûreté; alors, elle ira un jour tous
les trônes renverfer, Princes & Rois aux pieds fouler,
Peuples, Nations, Puiffances, Dominations, fur la couverture faire fauter, & comme éponge les preffer.

C'eft par ce qu'il y a entre Princes de plus facré, que
le tribunal des nobles PUISSANCES je dois inviter, à
Louis & *Charles Bourbon* condamner, & à tous les pots
caffés leur faire payer; je crois plus qu'inutile d'ajoûter, que tous les rebelles de l'*Amérique*, dans le devoir
on doit faire rentrer, & à l'*allégance* envers l'*Angleterre*
les rapeller, ou finon, fi fort avec bonnes tenailles les
pincer, qu'ils ne puiffent plus remuer, & contre l'aiguillon de leur jufte Souverain regimber.

Et ici, un autre membre du tribunal de ripofter, que
ce dernier avoit fûrement guinées, de *George*, ou des
Agens de *George* touché, pour avoir fi chaudement fa
caufe plaidé.

Et ici, les garçons bouchers, de *George* l'affaire vivement appuïer, & le Prince d'*Orange* d'hautement l'a
seconder, & de fermement déclarer que *George* ne seroit
pas condamné : que c'étoit son cousin sous-germain, qu'il
lui avoit juré de lui prêter la main.

Et ici le Roi des *Deux Siciles* de protester que *George*
seroit condamné, & d'autres membres d'alléguer que
tous les *Anglois* par leur insolence avoient mérité d'être
une bonne fois joliment frotés, étrillés, rossés, pour
s'être de toutes les nations joués, avoir tous les peuples
avec ignominie traité, & s'être impertinemment imaginé
qu'eux seuls le soleil devoit éclairer, & que pour eux
seuls le Créateur l'Océan avoit créé.

Et ici, le Roi de *Prusse*, en sa qualité d'Avocat Général, du tribunal nommé, d'être sommé de ses conclusions
donner, & *Frédéric* d'ainsi s'exprimer.

MESSIEURS, je sais par cœur les Instituts, le Di-
geste & l'in-Digeste j'ai lû *Grotius*, *Puffendorf*, *Mon-
tesquieu*, *Voltaire* : je possède sur le bout des ongles les
décisions de ces grands Jurisconsultes en matière de droit :
j'ai aussi fait des livres, preuve que je m'y connois ; &
on sait par ma propre expérience que j'ai de la science,
& que lorsqu'il s'agit de décider un cas, je suis moi-
même mon avocat.

Mais ici, c'est du fruit nouveau de voir TROIS ROIS
comparoître au barreau. Mais puisque par les nobles
PUISSANCES a été décidé qu'à ce tribunal leur procès
seroit jugé, il est du devoir de ma charge de conclusions
donner.

PRIMO, il s'agit de fixer le vrai point de l'objet en
litige. Dans l'une des quatre parties du monde, première étincelle de feu a été jettée, & première mèche
allumée. Un peuple de ses Souverains autorité a secoué,
ça ne peut guère à conséquence tirer, parce que dans

un

un autre hémisphère ce peuple se trouve placé. l'*Anglois*
doit désespérer de pouvoir ce peuple subjuguer. l'*Anglois*
son maître dans l'*Américain* ayant trouvé, le cas me
paroît tout décidé. Celui-ci ayant en brave guerroié,
indépendant on le doit déclarer.

SECUNDO, *George d'Hanovre*, & *Louis* & *Charles
Bourbon* tous trois en guerre ouverte sont entrés, pour
d'anciennes querelles venger. Ici, ce seroit vouloir la
mer boire & les poissons manger, que de prétendre trancher la difficulté. Entre *Anglois*, *Castillans* & *François*,
la guerre est innée : ce seroit vouloir prendre la lune
avec les dents, que de chercher à les empêcher d'ensemble batailler. Si, tous les dix ans au moins que se entre
ces trois nations il n'y avoit, le goût au monde s'en
perdroit, & peut-être que l'art militaire on oublieroit.
Or, cet art est au monde d'indispensable nécessité, &
plû ôt que de le perdre, on doit avec soin le conserver,
& précieusement le transmettre & porter jusqu'à la plus
reculée postérité. Du reste, le procès entre *François*,
Castillans & *Anglois* me paroît si compliqué que je ne sais
quelles conclusions donner. Avant de prononcer seulement je concluerai que chacun des membres du Tribunal
doit à ce sujet s'expliquer, pour d'après le plus universel
sentiment être par les nobles PUISSANCES sentence portée.

Ici, le *Grand-Turc* Président ayant les membres du
tribunal sommés de leurs opinions donner, chacun indi-
stinctement, d'après son sens, esprit, lumières, intérêt,
capacité, préjugés, d'ainsi s'énoncer.

Dans le procès mû entre *Louis* & *Charles Bourbon*
& *George d'Hanovre* Fabricant de boutons, mon avis
a dit, *Joseph*, est que *Louis* & *Charles* ayant été provoqués, lezés, leurs pavillons insultés, leurs territoires
violés & volés, ont cause gagné, & que *George* doit
être condamné à tous frais & dépens payer.

H 2   Au

Au Nom de *George* Roi, a dit l'Avocat *North*, je dois demander que du tribunal, l'Empereur soit recusé, que son suffrage ne puisse en ligne de compte entrer, parce que le sang *François* ayant dans les veines de son Père coulé (*), & dans les flemmes circu'é, *Joseph* ne peut qu'avoir le sang gâté, par ce sang *François* ; que *Louis* d'ailleurs, ayant la Sœur de *Joseph* épousé, ce *Joseph*, comme il appert, ne peut que sa cause favoriser, & en sa faveur être porté.

Ici, d'outrepasser, sans faire droit à la récusation de Me *North*, quoique fortement secondé par les bouchers.

Et l'Empereur de *Maroc* du sentiment de *Joseph* se ranger. Ce Roi *Breton*, ce Fabricant de boutons, a dit *Mhemet*, à ma porte a dépêché deux courriers, pour mon Imperial secours solliciter, mouches aussi à détaché, pour me porter, à *Charles* d'*Espagne* mon Allié guerre déclarer, troupes, poudre & canons m'a fait présenter pour de ses *Présides* m'emparer. Mais moi étant avec *Charles*, depuis six ans en étroite amitié, à des offres si perfides me suis refusé. Il est contre d'un *Musulman* l'honneur & probité, du Cimeterre *Ottoman* pour une si félonnieuse cause ensanglanter.

Si la guerre on peut excuser, a dit la Reine de *Hongrie*, mon fils a eu raison de guerroier, *Louis* doit sa cause gagner, & *George* être condamné.

Et ici Me *North*, encore de demander que *Thérèse* soit recusée : que *Louis* ayant sa fille épousé, *Thérèse* ne pouvoit autrement que pour son beau fils pancher; qu'il étoit de l'équité des nobles Puissances aussi de recuser,

(*) Par sa mère *Elisabeth-Charlotte d'Orléans*, petite fille de *France*.

fer, tous ceux des membres du tribunal qui pouvoient
être des *Bourbons* parentés, ou alliés.

Et ici, l'Avocat *Choiseul* à son tour d'exposer que,
fi, des *Bourbons* les alliés ou parentés sont du tribunal
recufés, on doit auffi en expulser, tous les bouchers
Allemans, marchands de chair & de fang qui à *Faucits*
ont livré tant de pauvres infortunés:

Et l'Impératrice de *Ruffie* de déclarer que quelle quelle
foit pour *George* fa bonne volonté, en juftice elle ne peut
s'empêcher comme *Mahomet*, *Jofeph*, & *Théréfe* d'opiner.

Et l'Avocat *Bute* contre *Catherine* de bien fort s'emporter, & de lui reprocher, qu'après que *George* a pour
elle tant facrifié, les intérêts de *George* abandonner, eft
un trait d'ingratitude la plus marquée, de noirceur la
mieux caractérifée.

Et la Reine de *Portugal* d'obferver que c'étoit la
balance de la juftice trop d'un côté faire pancher, que
de tout le monde contre ce pauvre *George* fe déclarer;
qu'elle, en confcience, fe voyoit obligée d'en fa faveur
fon fuffrage donner, que, par refpect humain, elle ne
vouloit pas fon ame charger & fe damner; que du procès
des TROIS ROIS elle fe lavoit les mains, qu'elle ne
vouloit y entrer pour rien.

Et le Roi de *Dannemark* d'hautement la quéftion trancher, & de décider, que *Boubon* a caufe gagné, *George*
perdu procès, & que fans autre forme, on le doit condamner.

Et le Prince d'*Orange* ici à fon coufin *Chriftian* de
reprocher, qu'ayant la Sœur de *George* époufé, & ainfi
de fon beau frère les intérêts abandonner, pour des
étrangers, c'eft un fort vilain tour lui jouer, que lui
Chriftian doit avoir le cœur & l'ame glacés, pour n'avoir
pas plus de fraternité.

Où

Oh! a dit *Christian*, depuis que *Mathilde* fa Sœur
m'a Cocufié, que des cornes publiquement par tout
l'univers m'a fait porter, qu'elle s'est avisée d'avec un
FRATER (*) coucher, contre *George* fuis un peu
enragé.

Et pourquoi enragé? a repris le Prince d'*Orange* : dans
la grande CONFRAIRIE votre Majesté a été agrégée,
& qu'il y en a bien peu parmi les membres de ce tribunal qui ne foient comme vous CORNIFIÉ! Moi je
n'oferois jurer, au moins, que je ne fois auffi COCUFIÉ,
a dit fon ALTESSE. Mais, mon Coufin, ma COUSINE
avez forcé à defcendre du trône l'efcalier ; dans un autre
Etat comme une catin l'avez forcée de paffer, pour dans
l'obfcurité aller expirer. Si ainfi les Souveraines & mes
COUSINES vous traitez, qui Diable à votre *Dannemark*
des Reines voudra donner?

Ce n'eft pas ma faute, a dit *Christian* : ni la mienne
non plus a dit *Guillaume* : — & ici, le Roi de *Suède*,
à *Christian* & à *Guillaume* de la parole couper, crainte
de voir, pendant deux heures, de leurs fots coqs à-l'âne
le tribunal enfiler.

Je crois m'être déja fuffifament expliqué à dit *Gustave* :
l'*Anglois* ne peut qu'être taxé d'injuftice, de perfidie, de
cruauté, c'eft avéré : abftraction même faite de ce qui
peut me concerner, à n'envifager que la juftice & l'équité, *Louis* & *Charles* doivent procès gagner.

Pour moi je ne fais qu'en dire, a dit le Roi de *Pologne* ; à voir trois Rois puiffans s'accufer réciproque-
ment, des torts de part & d'autre avouer, & mutuellement

(*) Garçon Chirurgien, Comte *Struensée* qui, comme on fait, fa
tête fur l'échafaut a porté, pour avoir, Dit-on, la couche de
Chrif.ian partagé.

ment fe condamner, fe jullifier; c'eft chofe fi plaifante
en vérité, que je ne fais qu'en décider. D'ailleurs, je
ne fus moi qu'une efpece de Roi *in partibus inutilibus;*
des querelles & des procès je fuis, on ne peut pas plus
dégou é; ceux qui ont des differens n'ont qu'à les terminer. Au fujet de cette affaire, je laiffe Vos M a j e s-
t é s & \ l t e s s e s à prononcer, aucunement ne veux
m'en mêler

Stanislas fommé de fon fentiment donner, *Stanislas*
de l'avis de *Guftave* s'eft rangé

Et le Roi des *Deux-Siciles* de fortement demander, &
hautement infifter, que *George* foit condamné, que tous
les bravaches *Anglois* foient châtiés, de bonnes chaînes
chargés, & comme bouriques fanglés.

Et l'Electeur de *Majence* de chrétiennement expofer,
qu'étant Miniftre d'une religion qui ne refpire que paix
& charité, quoiqu'à fa croffe l'épée foit acolée, fon
Miniftère ne peut que lui fuggérer d'opiner que les parties foient enfemble réconciliées, pour qu'ulterieure effufion de fang humain foit arrê:ée, fang dont la terre eft
toujours fouillée, à la face du Ciel irrité, fans plus
d'utilité.

Et les Electeurs de *Cologne* & de *Tréves* de religieufement auffi obferver qu'étant, comme *Frédéric de Majence*
leur confière, par les principes d'une même religion liés,
par devoir par la religion chrétienne à des Miniftres des
Autels infpiré, ils ne pouvoient que, comme *Frédéric*,
opiner pour la réconciliation & la paix.

Et l'Electeur *Palatin* de tout uniment déclarer, qu'-
ayant été, n'a guère, par les canons de *Frédéric* &
de *Jofepb* effrayé, lorfque ce dernier par malice noire
foufflé, d'une partie de la dépouille de F e u *Maximilien*
de *Bavière* vouloit s'emparer; & jamais de fa vie de
guerre ne s'étant mêlé; n'ayant non plus trop la contro-

H 4

verfé, ni le Digefte étudié; il ne favoit, pour le cas
préfent, quelle fentence porter; que procès étoit à lui
étranger, que tout autre pouvoit mieux que lui l'affaire
décider; qu'enfans n'ayant jamais procréés, & ne laiffant
pas au monde d'héritier, il ne vouloit, le refte de fes
jours fonger, qu'avec fon Opéra, fes Virtuofes & fes
Sultanes à s'amufer.

Et l'Electeur de *Saxe*, comme bien d'autres, d'avancer, que tous les fraix du procès doivent fur le corps
de *George* tomber. Qu'il eft des *Bourbons* parenté: que
le Père de *Louis* & *Charles* d'*Efpagne* ont fes tantes
époufé; que neveu du dernier, & coufin très bon germain du premier, la bonne politique & la douce amitié
ne peuvent que lui dicter d'en leur faveur opiner.

Pour moi, a dit le Grand-Duc de *Tofcane*, quoique
Louis ait *Antoinette* ma Sœur époufé, & que moi même
avec *Marie-Louife* Fille de *Carlos* fois marié, par conféquent que, par les liens du fang, à *Carlos* & à *Louis*
fois lié; malgré encore qu'à parler politiquement je fois
perfonnellement à l'affaire intéreffé, je ne puis que d'après
fa juftice opiner, & d'après l'équité déclarer, que mes
beau Père & beau frère ont procès gagné, & que d'après
toutes les Loix *George* eft condamné.

O pauvre *George*! que tu es donc infortuné! s'eft
George lui-même écrié, d'un ton de componction qui
vraiment fait pitié. *Mifericordia! Mifericordia!*

A quoi fervent tous ces hélas, & tous ces *Mifericordia*, a dit à *George*, *Bute* fon Père, d'un ton d'indignation?
Vous n'étez pas encore ni perdu, ni noié: & il n'eft pas
encore affuré que l'huiffier viendera vous exécuter.

Moi, j'ai le cœur navré, pétrifié, le corps caffé,
brifé, la tête me fend, & fi j'avois des dents, je mor-
derois tout venant, a dit le Duc de *Deux-Ponts*. J'ai
été deshérité, fruftré de mes prétentions, graces à l'Em-
pe-

-pereur, au Roi de *Pruſſe*, & à ma défunte Couſine l'Electrice des *Saxons*, ainſi qu'à mon bonét de beau frère qui aime tant les pigeons, les bécaſſes & bécaſſons.

Moi, je me pers, je n'y ſuis plus : je touche au tombeau : déja je vois allumés les funébres flambeaux (*), a dit le Prince *Charles* de *Lorraine*. Je voudrois d'après mon caractère voir la paix toujours regner ſur la terre.

Moi je ſuis *Bourbon*, de *France* & d'*Eſpagne* j'écartele mon écuſſon, a dit le Duc de *Parme :* à mon oncle & couſin il eſt naturel que je donne la main. C'eſt dommage que *Louiſe* (†) ma mère ſur la terre ne ſoit pas plus long-tems reſtée, car au lieu d'être petit Duc de *Parme* & de *Plaiſance* en pied, peut-être, qu'à cette heure, je ſerois Roi de *Naples* titré, & je puis aſſurer que mieux que *Ferdinand* en *Europe* j'euſſe figuré, & qu'en cette rencontre de la tablature aux *Anglois* bougrement j'euſſe donné. Le Roi des *Deux-Siciles* eſt un niais, fait pour les moutons d'*Eſpagne* garder, & leur fine laine filer & carder, des vers à ſoie élever, ou des gants comme ſon Frère aîné (‡) déchirer.

De

(*) Le pauvre & bon Prince *Charles* ne s'eſt pas trompé, & déja il eſt inhumé ; mais avec lui *Charles* une mémoire cherie des peuples a emporté. A ſa mort, les larmes partout ont coulé : de lui, avec regret, on peut dire, mais avec vérité, que le meilleur des Princes ſur la terre s'eſt éclipſé. Nul autre pour la bienfaiſance & bonté ne peut lui être comparé. Oh ! ſi des cendres de *Charles*, comme de celles du *Phénix* pouvoient renaître des Princes à lui ſemblables, & les trônes occuper, alors la félicité parmi les peuples pourroit regner. Mais, ô ſouhait vraiment inutile & infructueux.

(†) *Louiſe - Eliſabeth* de *France*, fille de *Louis* XV. mariée à Don *Philippe*, II. Infant d'*Eſpagne*.

(‡) Don *Philippe - Antoine - Paſcal - Ignace* de *Loyola - François-Xavier - François* de *Borgia* & *St. Régis*, Duc de *Calabre*, premier né

de

H 5

. De propos fi indécens par un coufin lâchés, fa Majefté
de *Naples* a été très choquée, & vivement *Ferdinand
de Parme* a menacé de lui donner cent coups de poings
par le nez.

Vous êtes auffi groffier qu'un muletier a le Duc de
Parme à fa Majefté ripofté. Le fot *Rezzonico* (*) fur
mon chef les foudres du *Vatican* » lancé, & je n'en ai
pas été plus effrayé.. mon coufin, vous croyez me faire
peur, mais plus que vous j'ai du cœur. Toute votre
race a le cerveau brûlé, voilà pour quoi de vos menaces
ne fuis nullement choqué. Vous êtes brutal, cheval,
animal; fi une mule, ou un mulet venoit à me donner
un coup de pied, j'aurois tort de lui intenter procès,
voilà pourquoi, fans vouloir raifon de votre pommée fotife
demander, de bien bon cœur veux vous excufer de l'avoir
lâchée.

Ici, la Reine de *Hongrie* à fes deux beaux fils de
repréfenter qu'étant fi proches parens, ils avoient tort
de noife fe chercher, qu'ils devoient plûtôt comme deux
bons frères s'aimer, & *viciffim* la main fe donner &
s'embraffer.

Et

des mâles de DON *Carlos III.* du nom, Roi des *Efpagne* &
des *Indes*. Ce premier mâle étant imbécile fieffé, Prince des *Afturies*
n'a pû être nommé, & à *Naples* comme tel a été laiffé, lorfque fon
Père DON. *Carlos* fur le trône de *Caftille* eft monté. L'amufement
& plaifir de ce DON. imbécile, étoit de déchirer des gants, & il
ne lui en falloit pas moins de mille paires par jour, c'eft-à-dire
30 & 31 mille paires par mois, c'eft-à-dire 365000 paires par an;
Si ce DON. eut vécu encore une couple de fiécles, il eut pû faire
la fortune de tous les gantiers de l'*Europe*. — Otez le *déficit* des
jours des mois de *Février* & faites l'appoint des Biffextiles dans le
cours de deux fiécles, & calculez, fi vous voulez, le montant
vous trouverez.

(*) *Clément XIII.* Pape, par qui le Duc de *Parme* actuel a été
excommunié.

Et le Duc de *Parme* à sa belle mère de tout net déclarer que l'affaire ne pouvoit aucunement la regarder,
que de ses propres affaires elle devoit se mêler, sans
vouloir dans celles des autres s'immiscer; que lui *Ferdinand* étoit, on ne peut pas plus fâché, d'avoir sa vieille
fille *Amélie* épousé, qu'elle vouloit la culotte porter, &
que dans ses Etats, pour un NIGUE-D'OUILLE,
Amélie le faisoit passer.

Et ici, le Duc de *Parme* d'être à l'ordre apellé, &
par le Vice-Président Empereur lui être représenté, qu'il
devoit avec plus de respect à une belle mère parler, &
que si avec *Amélie* sa femme il ne pouvoit s'accorder,
c'étoit à lui à s'arranger, que ça ne pouvoit non plus
aucunement le tribunal regarder, que différent entre
homme & femme devoit au lit s'accommoder.

Et ici le Roi de *Suéde* d'exposer qu'on devoit avancer, sans à des *bibus* s'arrêter, qui étoient à la cause
étrangers. Et le Duc de *Wurtemberg* sommé d'à son
tour opiner, *Eugéne* de déclarer qu'on pouvoit sans lui
l'affaire arranger; que lui *Wurtemberg* avoit assez à
démêler avec ses filles, ses femmes, ses guenons, qui
lui faisoient tourner la tête sans raison.

Le tour de parler des bouchers arrivé, Me Landgrave
de *Hesse-Cassel* de hautement trancher que tables, mar-
mites, pots de chambre cassés, les *Bourbons* devoient
payer; que tous ces *Bourbons* étoient des larrons, des
fripons; qu'ils l'avoient trompé; que dans la confiance
d'une *Bourbon* épouser, il s'étoit fait cathéchiser, caté-
cumeniser, que pour ce, il avoit de religion changé,
parce que des *Hesses* ayant le trône de *Suéde*, des *Goths*
des *Vandales*, occupé, il pouvoit, par l'influence de
l'alliance de cette *Bourbon*, être tout aussi bien qu'un
Prince des *Lorrains*, Roi des *Romains* créé, & puis à
Francfort être Empereur couronné. Que les soldats de

ces

ces *Bourbons* ayant de plus fes labyrintes, cafcades de *Caffel*, dans la dernière guerre, démonté, brifé, de fa vie il n'auroit le cœur de tous ces griefs leur pardonner.

Et le Marcgrave d'*Anfpach* de tout fe moquer, & de defirer que la guerre entre les *Bourbons* & le fabricant de boutons, pût encore trente neuf ans durer, pour fes denrées mieux débiter, & de bonnes guinées toucher. Eh! que m'importe à moi, difoit fa MARCGRAVIALE ALTESSE, d'à ma mort, cent mille, ou cinquante mille têtes de fujets laiffer? n'ayant point d'héritier, aux miens mon marquifat ne peut paffer; les *Brandebourgeois-Pruffiens* viendront le poffeder, lorfque les *Anfpach* & les *Bareuth* feront trépaffés: Eh bien! que mon ame alors *requiefcat in pace?*

Moi de *George*, comme déja l'ai déclaré, je fuis parenté, a dit le Duc de *Brunswick*: & ayant avec fa Sœur aînée couché, j'aurois tort de ne pas en fa faveur opiner, & d'un fi proche parent laiffer en un fi conféquent procès fuccomber. Non obftant les raifons que peuvent alléguer les *Bourbons*, je crois que, fans injuftice, on ne peut *George* condamner, parce qu'à tout confidérer, *George* ne les a pas provoqués. Les *Bourbons* ont leur belle trouvé, & leur coup n'ont pas manqué: ce n'eft pas, felon moi être brave que d'un ennemi vouloir le ventre de fon épée percer, lorfqu'il eft par terre renverfé, & à demi terraffé. Il y a dix ans, huit ans, fix ans, cinq ans qu'ils n'euffent pas même ofé à *George* une croquignole donner. Il faut que les *Bourbons* n'ayent pas de cœur, encore moins d'honneur. A mettre de côté tout intérêt, tout préjugé; & à juger d'après les procédés les *Bourbons* ont mérité d'être au corps apprehendés, & emprifonnés, jufqu'à ce qu'ils ayent tous frais & dépens payés.

Oui.

Oui, & d'être dans le plus fort Fort du Roi de *Pruſſe*
ferrés, a dit le Prince *Waldeck :* car ces *Bourbons* n'ont
ni morale, ni réligion, par tout ils font en contraven-
tion. Leur armes favorites font la trahiſon, la perfidie,
la diſſimulation; un plan de conduite uniforme au deſſein conſtant de braver toutes les conſidérations, de ne
reſpecter aucune des loix conſacrées par l'honneur &
par l'adoption de toutes les Nations.

Moi, je ne fais qu'en penſer, encore moins qu'en
décider, a dit le Comte de *Hanau*. Ce procès eſt ſi
ſingulier qu'il peut au meilleur conſeiller faire la tête
tourner. L'un dit qu'il a raiſon, & l'autre qu'il n'a pas
tort, comment avec cela mettre les deux parties d'ac-
cord ? il me ſemble à moi que le canonnier doit procès
juger & ſentence porter.

Je ſuis de votre avis, mon Couſin, a dit le Prince
d'*Anhalt-Zerbſt :* après tout que *George* ou les *Bourbons*
ayent procès perdu ou gagné, & que les *Américains*
ſoient indépendans ſéclarés, ça ne peut guère nous autres
regarder; nous avons, à peu près, fait notre moiſſon,
& tout bien conſidéré, tout eſt pour nous conſommé;
& nous ne pouvons plus de nouvelles recrues à *George*
livrer, ſans nos Etats entierement dépeupler, & les
générations futures dans la génération préſente exterminer.

MESSIEURS, a dit le Grand-Maître de *Malthe*,
ſi fort que, dans un procès, les deux parties ſoient
acharnées, il y a toujours moyen de les accorder, ſi
elles ne ſont pas trop obſtinées. Mais *George* me paroît
avoir dans ſa tête fourré de ne pas reculer. Peut-être,
pourtant, malgré lui reculera-t-il! les *Bourbons* lui ont
fait des propoſitions pleines de raiſon: ſi *George* vouloit
encore à cette heure s'y prêter, le procès, ſelon moi,
feroit bien vîte terminé; mais, ſi *George* veut inſiſter,
Ge-

George mérite d'être condamné & de tous dommages &
dé; ns payer, car justice ne peut se trouver de son côté.
Ici le tour d'opiner du Prince d'*Orange* arrivé, son
Altesse s'est trouvé à sommeiller. — *Guillaume* dort : la
raison en est simple, c'est que *Guillaume* a sommeil.
Guillaume, ce fameux *Guillaume*, cet huissier, le plus
riche de tous les huissiers par ses exploits, se couche à
minuit, se leve à deux heures tant il a de l'ouvrage : ce
n'est donc pas surprenant qu'il dorme, & encore quand
il ronfleroit, qu'il roteroit, qu'il peteroit même, chose
familière aux gens de son pays : ça ne seroit pas encore
surprenant. Les *Allemands* petent, les *François* petent,
les *Anglois* petent & les *Américains* aussi.

Guillaume, Guillaume !... Eh !.. Eh !... Eh !.. qui
va-là ? *Werda! Werda!...* Corporaal berous, post aan
het gevveer !... Gauw, gauw, gauw !..., *Guillaume*
dormoit profondément, *Guillaume* rêve très fortement.
Guillaume bat la campagne : il songe qu'il est surpris de
l'ennemi, & par un troupeau de housards assailli ; *Guillaume* promet beaucoup dans la carrière militaire : ce
sera, un jour à venir un bon soldat, qui passera sur le
ventre à tous les *Maurices* & à tous les *Guillaumes*
d'*Orange*. Il se promet bien de couper les oreilles aux
François, s'ils se retrouvent encore à *Lawfeld*, *Raucoux*,
Fontenoi, & aussi de leur donner de l'éperon, s'il repa-
raissent à *Berg-op-Zoom*.

Guillaume éveillé a commencé par jurer : Tonnerre!
Eclair! Eclair! Tonnerre! qui brûle, qui écrase tous les
troubleurs de la paix des Etats!

Chut! chut! paix! silence! *Guillaume* est en colère.

MESSIEURS ALTESSES & MAJESTÉS! Je m'ap-
pelle *Guillaume*, je suis l'ascendant, non je me trompe,
le descendant des *Oranges*, des beaux, des grands, des
fameux, des superbes *Oranges*, qui ont rempli l'univers
de

de leur nom, & donné tant de tablature aux *Efpagnons*;
Mo1, je décide que *George* a raifon, & très grand tort:
Bourbon: que *George* a fa caufe gagné, & que *Bourbon*
doit être au *Rafphuis* (*) fourré.

Ici, le Repréfentant de *Venife*, le Noble *Aloys Mocenigo*, d'au tribunal propofer, pour le monde éternellement pacifier, rétablir entre les peuples la tranquilité,
& éviter des Princes les fi fréquentes altercations qui
font la ruine des nations, du Gouvernement *Vénitien*
adopter, & tous Empires & Royaumes, ou Républiques
fur le plan de celle de *Venife* former.

Pour cette République *Européenne* fonder, difoit le
noble *Aloys*, il ne s'agiroit que de tous les Rois des
trônes renverfer, & des *Doges* à l'inftar des notres à leur
place fubftituer. Les Etats peuvent bien fans Rois fe
conferver, & les peuples fans tirans profpérer.

Pour à ce but arriver, pourfuivoit le Seigneur *Mocenigo*, on devroit commencer par, de deffus la terre rayer
le mot de MAJESTÉ, qui ne peut naturellement qua-
drer qu'envers la divinité. Donner cette qualification à
des vers de terre, à des fcélérats fouvent couronnés,
c'eft toure notion du jufte & de l'injufte renverfer, c'eft
le facré au profane proftituer.

Le grand *Machiavel*, en fa politique à dicté *qu'on ne
devoit Empereurs, ni Rois à la tête toucher.* Pour leurs
têtes facrées ménager, on pourroit par le cou les accrocher, & d'un coup de potence la terre de fes tirans déli-
vrer, & ainfi les Rois par tout le globe exterminer.

l'Etat Républicain eft toujours à préférer au Monarchique & au Defpotique.

Dans

(*) C'eft le *Bicètre* de la ville d'*Amfterdam*, où les reclus con-
venuels, ont pour tâche de raper du bois *Brifil*, & fcier du tabac
de la *Virginie*.

Dans le premier, un certain nombre de perſonnages notables & ſages gouvernent les peuples, & les peuples ſont heureux. Dans le ſecond, parce qu'un vil mortel eſt Prince né, il acquiert le droit d'à vingt millions d'ames commander, il eſt de ROI & de MAJESTÉ titré & les peuples ſont toujours infortunés. Dans le troiſième, un abominable Deſpote ne connoiſſant d'autre loi que ſon caprice & ſa volonté, fait, à ſon bon plaiſir & gré, les hommes étrangler, empaler, par le Knout, ou par les oubliettes paſſer.

A *Veniſe*, continuoit *Aloys*, les peuples ſont noble- ment aſſervis; mais dans tout autre Etat du mond., ils ſont Eſclaves rampans. Aux pieds de leurs tirans comme des ſtatues de cire enchaînés, à tout bout de champ ils peuvent voir leur tête de deſſus leurs épaules ſauter, ſi telle eſt de leurs tirans la volonté. A *Veniſe* le peuple eſt libre, autant qu'on peut l'être: qu'il ſoit ſeule- ment muet, il a toute la liberté qu'à l'homme on peut donner. Mais ſi ſa langue vient à ſe délier, & qu'il veuille s'aviſer du Gouvernement élogier, ou ſatyriſer, alors un très noble ſénateur derrière une grille caché, à ſon ſujet d'ainſi parler: *Qui es-tu, pour oſer notre conduite approuver?* à l'inſtant un rideau eſt levé; & le pauvre *Vénitien* de tous ſes membres trembler, & de voir un cadavre à une potence attaché, & d'entendre une voix de tonnerre de derrière la grille lui crier: *C'eſt ainſi que notre cenſeur nous traitons, tais-toi, & re- tourne-t-en à ta maiſon.*

C'eſt ainſi qu'on doit les peuples mener, diſoit le noble *Aloys*: pour un individu, qui toujours eſt un inconſidéré, & qui par fois eſt *potencé*; les autres jouiſ- ſent de toute liberté, & ne ſont pas, comme par tout ailleurs, tirannifés, preſſés, exténués.

A *Vo.*

A *Venife* eft un L t v r e d'O r , où tous les nobles
font notés, mais pour ça ils n'en font pas plus privilégiés: fi un s'avife de ne pas oroit marcher, c'eft que
tout comme un autre il eft jufticié. Chez nous du titre
de *Doge* un noble eft décoré: les marques de la Souveraineté lui font données, mais, pour ça, il n'a pas plus
qu'un valet d'écurie d'autorité: il eft comme le dernier
palefernier à la loi fubordonné. Chez nous le pouvoir
eft fi bien diftribué qu'avec une harmonie admirable tout
fe trouve balancé.

Y a t-il dans le monde Etat mieux que le notre policé?
y en a-t-il où regne plus de tranquillité? Deux fiécles
de paix, & de neutralité, prouvent que de tous les Gouvernemens le *Vénitien* eft le plus fenfé, le mieux ordonné, le mieux combiné, & que dans aucun les peuples
ne font plus fortunés.

D'un tel Gouvernement l'inftitution feroit par tout le
monde de droit & de raifon, elle feroit le bonheur &
la félicité de toute fociété. Qu'on dife fi parmi toutes
les nations, & dans toutes les régions, il exifte une plus
belle légiflation que celle de notre conftitution. Un
noble & fage Inquifiteur occupé à perpétuellement roder,
la hache levée fur le cou de quiconque ofe parler, voilà
notre fûreté, notre félicité, le Gouvernement que toute
l'*Europe* devroit adopter.

Son Excellence le Repréfentant des *Suiffes*, Meffirs
Gilles Taberne, à fa nobleffe *Vénitienne* a obfervé, que
d'Inquifiteurs & de haches les *Suiffes* ne pourroient s'ac-
cymmoder, que fes patriotes, en leurs montagnes,
vouloient traire leurs vaches en liberté, que de plus
de mouches en *Suiffe* étoient affez piqués, fans qu'un
mouchard Inquifiteur vînt à leur côté roder, les
mouftaches leur couper, & à potence les accrocher,
pour un mot laché, & qui par fois n'eft pas déplacé.

I   Son

Son Excellence *Suisse* a de plus représenté que vouloir l'institution de Gouvernement de sa nobleffe adopter, ce seroit la carte Monarchique trop furieusement déranger, que ça pourroit auffi le globe bouleverser, en fus les guerres terminer, ou tout au moins à leur grand abus remédier : que guerre est néceffaire fur la terre : que la *Suiffe* fur tout ne fauroit s'en paffer : que la guerre, & des autres Etats les diffentions font une mine d'or pour les treize cantons : Enfin, que fi guerre au monde de tems à autre il n'y avoit, tout *S* de faim creveroit.

On doit laiffer les chofes telles qu'élles font, a dit le Repréfentant des *Grifons*. Nous fommes bien ainfi, tenons nous y, peut-être autrement ferions nous pis. La guerre eft affurément un fléau qui afflige l'humanité, mais il eft indifpenfable, &, fans lui, le pays des *Suiffes* & *Grifons* feroit trop miférable : nous devrions tous aller quêter comme *Capucins*, ou un bourdon à la main aller à *St. Jaques* en pèlerins. Il eft bon d'ailleurs que les Princes s'amufent de tems en tems à guerroïer, pour le mauvais fang de leur peuple tirer, & la terre étant de leur fang arrofée, n'en eft que plus purifiée, & auffi cent mille mauvais garnemens étant à la guerre tués, il n'en réfulte au monde pour les honnêtes gens que plus de fureté.

A ces confidérations du Répréfentant des *Grifons* le noble *Giovanni Grimaldi* a ripofté que leurs Excellences *Suiffe* & *Grifonne* ne paroiffent avoir la queftion décliné, que parce que leurs Excellences, & tous *Suiffes* & *Grifons* font les feules nations à la guerre intéreffées, & feules la guerre doivent defirer, pour mieux chez les Puiffances ennemies de leur fang trafiquer ; mais, que tout peuple ne doit pas comme un *Suiffe* & un *Grifon* penfer, qu'il y auroit trop d'inhumanité dans un tel procédé. A propos, a dit le noble *Génois*, gentil, poli,

cour-

courtois , du Sérénissime *Dega* a², commission de faire
réclamation sur l'invasion de *Louis* XV. du nom. La
Corse il nous a pris, Royaume & Couronne nous a saisi;
c'est voler, usurper, & *Louis* XVI. ne veut pas restituer.
A raison du procès entamé entre *George* & *Bourbon*,
nous décidons que le dernier a cause gagné, & dans
cette affaire doit pleinement triompher.

Nous nous complaignons de ce que la fabrique des
ressorts de montres est tombée par la faute des *François*,
a dit le notable Représentant de *Geneve*. Nous deman-
dons comme les *Irlandois* un acte de commerce illimité;
que *Gex* soit ruiné, exterminé, & tous les habitans
chassés, & le profane *Ferney* dans le *Lac* jetté. Pour la
cause entre *George* & *Bourbon*, au nom des *Genevois*
décidons que, si ce dernier ne veut pas notre fabrique
laisser remonter, il doit être condamné, & en sus une
forte amende payer.

Pour moi, je tire des guinées des *Anglois*, raison
de plus pour mal parler des *François*, a dit *Paoli*. Ils
m'ont aussi chassé de ma maison, comme ils veulent
chasser l'*Anglois* de ses possessions. De *Corse* ils ont
expulsé la rebellion : en *Amérique* ils ont porté la dissen-
tion. Ce sont des brouillons, des fieffés fripons qui ne
meritent pas de pardon. Sans plus reculer, on doit les
Bourbons condamner, & de quartier point leur donner,
car justice de leur côté ne peut se trouver.

Ici, comme le noble *Mocenigo* s'étoit donné la liberté
d'au tribunal le Gouvernement *Vénitien* pour modéle
proposer, & d'insister qu'on devoit une République *Euro-*
péenne fonder, le nom des Rois du monde rayer, & des
Doges à l'instar de ceux de *Venise* par tout l'univers
créer, un autre membre du Conseil dont le nom secret
est resté, à son tour un plan nouveau d'après ses vastes
lumières de proposer. C'étoit des Empires, Royaumes,

Du-

Duchés, Principautés égalifer, & par portions égales
aux Souverains Regnans les diftribuer. C'eft un plan au
quel le grand rêveur Abbé de *St. Pierre*, & le grand
penfeur *Jean-Jacques*, n'ont jamais fongé.

Voici ce que c'eft : —— le Roi de *France*, a dit l'honorable membre, a 24000000 (*) d'habitans : & le Roi
de *Heffe-Caffel* feulement 340000 (†), ou environ, dans
les provinces prifes enfemble de fon Empire de *Caffel*.
Pourquoi la première Majefté a- elle vingt-quatre
millions de fujets, & que fa Majefté *Heffoife-Caffeloife*
n'en a que trois cent quarante mille ? çi n'eft pas jufte.

De p'us : le Royaume de fa Majefté de *Caffel* pourroit
danfer une loure, une chaconne, un menuet, une con-
tredanfe même à l'aife, avec les Royaumes de *Brunf-
wick*, de *Zerbft*, de *Waldeck* & de *Hanau*, dans le
gouffet d'une des culottes du Royaume de fa Majefté de
France ; une feule Comté (‡) du Royaume de cette
dernière Majefté peut faire la barbe à toutes les Comtés
des quatre Royaumes des quatre autres Majeftés. Eh !
pourquoi laiffer tout à l'une, & rien, ou prefque rien,
à l'autre ? Voilà encore qui n'eft pas jufte : Voilà encore
une difparité qui tire à conféquence, à raifon que la
Majefté de *France*, pouvant, au rapport de fes Etats,
population, parconféquent richeffes, trois, quatre, ou
cinq cent mille hommes lever & folder, elle eft trois,
qua-

(*) Ce premier calcul eft calculé d'après les calculations fondées
ou pas fondées des *Srs. Moheau* & *Eupilly*, d'après la méthode des
fupputations, vraies ou fauffes de ces *Mrs.* fur les mariages, les
naiffances & les morts.

(†) Ce fecond calcul a pour garant les doctes Profeffeurs com-
pofiteurs de l'almanac à la mode de *Gœttingue*, pour l'année cou-
rante 1780.

(‡) Province.

quatre, cinq cent mille fois plus portée à guerre déclarer, & le repos de la terre troubler.

Or, pour la tranquillité du genre humain assurer, & la
paix au monde éterniser, point de plus infaillible moyen
que les choses égaliser, & Empires & Royaumes en
portions égales partager.

Eh! par quel droit, poursuivoit l'honorable membre,
un Roi de *France*, un *Empereur*, un Roi de *Prusse*
ont à leur service deux, trois, quatre cent mille hommes, & qu'un Roi de *Brunswick*, un Roi de *Waldeck*, &
un Roi de *Caffel*, n'en ont que deux mille, mille, le dernier
au plus huit, dix mille, & cela en prestant, prestant,
prestant?

Eh! pourquoi un Roi d'*Angleterre* a-t-il cent vaisseaux
de ligne, & qu'un Roi de *Caffel* n'a pas seulement une
corvette, pas même un canot? C'est injuste: un Roi de
Hesse pourroit pourtant dire à la mer, suivant l'*histoire*
qui n'est pas fausse, " tu as été autrefois à *Caffel*, re-
„ tournez-y tout-à-l'heure." La chose n'est pas si difficile: il s'agiroit seulement d'éventrer la terre, scier les
rochers, briser les montagnes, trancher les bois, couper les vallées, saigner les ruisseaux, & faire couler
l'océan; & tout seroit dit: & sa Majesté *Hesse-Casse-
loise* auroit aussi cent vaisseaux de ligne, une Compagnie
des *Indes*, son pavillon vogueroit en *Amérique*, en *Afrique* & par toute l'*Europe*.

Eh! pourquoi faut-il encore qu'un *Portugal* fanatique,
une *Espagne* imbécile, une bicoque de *Hollande*, ayent
les trésors du *Brésil*, du *Chili*, du *Pérou*, du *Mexique*,
le thé, la canelle, le girofle, la muscade de l'*Inde*?
Pourquoi encore faut-il que la *France*, l'*Angleterre*,
l'*Espagne* possèdent exclusivement cette poudre fine qu'on
jette par le nez, & que les habitans du Royaume de
Caffel doivent le leur acheter, s'ils en veulent user,

I 3   tan-

tandis qu'eux-mêmes pourroient l'aller chercher ? voilà encore qui est injuste.

Dans toute la nature il y a un ordre, une proportion admirables : il n'y a qu'à l'égard des Royaumes & des Empires, qu'il y a une disparité, une disproportion qui saute aux yeux, qui choque l'économie du globe.

Or donc, pour revenir à mon système, poursuivoit encore l'illustre membre, on doit établir une proportion juste entre tous les potentats de l'univers. La Couronne d'un *Empereur*, d'un Roi de *France*, ne doit pas, dans l'ordre naturel, plus peser que celle d'un Roi de *Cassel*, d'un Roi de *Waldeck*. On doit les choses en si juste balance poser, & tellement les distribuer, qu'il n'y ait pas une once de terre, ou un quart de cheveu d'homme, plus dans le Royaume de *France* que dans le Royaume de *Waldeck*.

Le monde a été long-tems barbare, & aujourd'hui qu'il commence à se civiliser, doit-on rester encore attaché à l'ancienne barbarie ? or, c'est la plus forte & la plus inconcevable barbarie que de voir un Roi de *France* qui est un Eléphant dans le globe, & un Roi de *Waldeck* qui n'y tient pas plus de place qu'un Ciron.

Or donc, SÉRÉNISSIMES MAJESTÉS & ALTESSES, voici de quoi il tourne : prenons une balance, la plus juste qui pourra se trouver au monde, & la faisons légaliser, pour plus grande sûreté, au poids des villes de *Paris*, *Londres*, *Amsterdam*, ou de telle autre place commerçante qu'il plaira ordonner à Vos nobles PUISSANCES, & dans cette balance pesons, en toute justice & équité, les Empires, Royaumes, Républiques, Etats quelconques des quatre parties du monde : pesons la terre, les mers, les fleuves, ruisseaux, rivières, les continens, îles, peninsules, isthmes, promontoires, écueils, rochers, montagnes qui existent sous le globe.

On

On objectera que la chose est impossible: mais, puis qu'un naturaliste, au commencement du siècle a fait une paire de gros souliers avec une fine toile d'araignée (*), & qu'un autre Docteur non moins subtil (†) a noyé en *Amérique* des mouches dans du vin de *Madère*, & leur a rendu la vie en *Europe* (‡), y a-t-il rien d'impossible à l'homme, *volant & canaille?*

Vous extravaguez, vous n'avez pas le sens commun, confrère, a dit à l'honorable membre, un autre honorable. Comment peser les Empires, les Royaumes, la terre, la mer? ça n'est pas possible, ou il faudroit être bien fin sorcier, & avoir en outre de bien forts poids, & une bien forte balance. D'ailleurs je n'imagine pas que le Roi de *Prusse*, le Roi de *France*, l'*Empereur*, qui partagent les autres, seroient d'humeur de se laisser partager eux mêmes.

D'a-

(*) Ceux qui, par hazard, seroient curieux de vérifier le fait n'ont qu'à consulter les Mémoires de l'Académie des sciences de *Paris*, & ils ciront [si nous avons menti.

(†) Le Docteur *Franklin*.

(‡) Que de gens se trouveroient bien du système du D. & ur qui pour traverser la mer *Atlantique* aussi tranquillement & comme en un clin d'œil, se noyeroient à *Madère*, s'il p uvoient reprendre la vie à l'autre bord!

C'est dommage que le Docteur *Benjamin* n'ait pas appris son secret à la *France*, ou à l'*Angleterre*, peut-être que ces deux Puissances eussent aussi pû noyer quelque centaine de mille hommes dans du vin de *Madère*, du *Cap*, ou de *Tokai*, [si c'étoit dans du vin de *Bordeaux*, ça seroit encore meilleur marché] & rendre ainsi la vie, au bout de six semaines, à cent ou deux cent mille hommes, à *Boston*, ou à *Charleston*, c'est un secret merveilleux, intéressant à toutes les Puissances qui ont des possessions dans un autre hémisphère, c'est sur-tout un objet de grand épargne.

I 4

D'après votre fyftême, il faudroit les Empires, Royaumes , en portions égales diftribuer, & de tous les
petits Principiaux en faire des potentats , des Majeftés;
çe feroit drole, par ma foi, d'entendre dire fa Majefté
Waldekoife , fa Majefté *Caffeloife*, fa Majefté *Orange*.
Ces Majeftés ne font pas fonores, elles écorchent l'o-
reille. Encore patience , fi le *Pape* dans fon grenier
avoit encore à donner à ces trois Majeftés un nom qui
ne fut pas fi dur, fi barbare à l'oüie : mais fa *Sainteté* a fa nomenclature épuifé : elle a forgé des Majeftés, *Chrétiennes*, *Fidéles*, *Catholiques*, *Apoftoliques*;
il ne manque plus que des Majeftés à fromage de *Hollande*.

Ne vous en moquez pas, Monfieur, a repris le Prince
d'*Orange*, laiffez dormir le chat qui dort : laiffez le 'ems
pouffer, laiffez ma quenoüille filer : je file, je file, mais
favoir quoi : je ne dis pas mon fecret à tout le monde :
je fuis plus malin qu'on ne penfe au moins : quand le
coq l'heure marquée aura chanté , alors je ferai une
explofion comme un coup de canon.

Le plan propofé de faire de tous les Empires, Royaumes , Républiques , autant de Gouvernemens à l'inftar
de celui de *Venife* ; & cet autre de partager les Etats,
& d'en portions égales les diftribuer, ayant l'attention
du tribunal partagé , & matiere à nombre de fots d'à
tort & à travers jafer, & par fois de pouille les uns
aux autres fe chanter, le Roi de *Suéde*, de ridicules
contes affez impatienté, des nobles PUISSANCES
inviter de ceffer de ruer & de braire, & de l'affaire en
procès plus férieufement s'occuper.

Et ici les voix pour & contre de compter, & *George*
par la pluralité de fe voir condamner : —— & un membre
du tribunal un accommodement entre les parties de
propofer : —— *Louis* & *Charles Bourbon* de s'y prêter,

&

& *George* de ne pas s'y refuſer : — & l'Avocat *Choiſeul* pour baſe de demander :

1°. Que les *Américains* ſoient indépendans déclarés :

2°. Que la Cité de *Dunkerque* ne ſoit plus par les *Bretons* inſpectée :

3° Que le commerce des *Indes* & de l'*Afrique* ne ſoit plus gêné :

4°. Que la pêche de *Terre-neuve* ſoit équitablement réglée.

La première de ces conditions, a dit Me. *Choiſeul*, eſt un devoir, le Roi ne peut s'en déſiſter, ſans honteuſement ſa foi violer.

La ſeconde eſt de convenance, & intéreſſe la dignité de la *France*.

La troiſième & la quatrième ſont dans l'ordre de l'équité, & ne préſentent pas la moindre difficulté.

Et l'Avocat *Aranda* comme par ſupplément au nom de ſa partie d'ajoûter, que *Mahon* & *Gibraltar* ſoient reſtitués, qu'auſſi la *Caſtillanne* dignité eſt à cela intereſſée.

Et l'Avocat *North* de repliquer que ce qui intéreſſe de la *France*, & de l'*Eſpagne* la dignité, intéreſſe de l'*Angleterre* la ſûreté : en fus, que c'eſt le bon ſens choquer, & de *George* vouloir ſe moquer que de telles conditions pour baſe d'accommodement lui propoſer : qu'à la première & plus terrible des conditions, l'indépendance des *Américains*, *George* par honneur n'y donneroit jamais les mains : que pour la ſeconde, *George* pourroit d'un droit ſe déſiſter qui lui eſt aſſuré par les traités : que pour la troiſième & quatrième, aux *Indes* & en *Afrique* pourroit commercer, & à *Terre-neuve* morue pêcher qui en auroit la faculté : quant à la ceſſion de *Gibraltar* & *Mahon*, que c'étoit ſans ombre de raiſon qu'on mettoit ſur tapis pareille propoſition.

I 5   Me.

Me. *North*, a dit Me. *Choiseul*, vous prouvez compter que mes parties armes bas ne mettront, que l'indépendance de *Boston* ne soit reconnue de bonne façon,
à la face de l'univers, dans tous lieux divers & sur terre
& sur mer : que *Dunkerque* ne soit affranchi de l'in-
spection de tout Espion *Breton* : que *Gibraltar* ne soit
rendu avec *Mahon* : que l'*Afrique* & les *Indes* ne soient
libres en navigation ainsi que pêche à *Terre-neuve* sans
restriction.

En ce cas, Me. *Choiseul*, a dit Me. *North*, c'est tems
perdu de parler de composition : car l'indépendance de
Boston, jamais, au grand jamais, ne reconnoîtrons : *Gibraltar*, ni *Mahon* jamais ne rendrons : *Dunkerque* jamais
de notre dépendance n'affranchirons : le commerce de
l'*Afrique* & des *Indes* libre ne souffrirons, ni la pêche
à *Terre-neuve* jamais les *François* ne feront sans notre
permission : écraser plûtôt nous nous ferons, ou nous
vous écraserons.

SÉRÉNISSIMES MAJESTÉS & ALTESSES, a
dit *Louis*, un Roi de *France* n'a qu'une raison, & cette
raison est le canon. Or, tant qu'il me restera un canon,
je n'entrerai en composition qu'aux proposées conditions !

Doucement SIRE *Louis* point d'emportement, point
d'humeur, un petit mot d'explication rétablira votre
réputation, a dit le Représentant des *Grisons*.

N'y a-t-il pas moyen de couper le différent en deux,
SIRE *Louis*, a dit un autre membre du tribunal ? non, a
dit *Charles d'Espagne*, il ne faut ni le couper, ni le scier,
il faut le laisser entier : car MOI, avant de mourir,
j'ai envie de bien froter ces *Anglois* qui de ma Majesté
osent se moquer, & pour un fou me faire passer. Lorsque la Couronne de *Sicile* sur la tête je portois, à *Naples*
ont osé un *Martin* envoyer pour me brider, & ce
Mar-

Martin, montre en main (*), de par son Roi à ma
Majesté d'insolemment notifier que je ne devois pas seulement une gondole en mer faire voguer, sous peine
d'avoir les oreilles coupées, & de m'obliger d'en une
heure un écrit signer, pour en flature d'âne en mon
palais reller, moi qui avois si bonne envie de guerroïer,
& de mes père & frère aider pour le Léopard *Breton*
écorner. Depuis cette époque ma Royale Majesté, en
son cœur, contre les *Anglois* a conservé une pique qui
ne s'éteindra que quand la mèche de ma vie de brûler
cessera.

Moi, mon père, à cette heure veux vous venger, a
dit le Roi de *Naples*, & sur des galères tous mes cadets
faire monter, pour tous ces *Bretons*, *Bretailles*, exterminer.

Don *Carlos* père & Don *Ferdinand* fils doivent avoir
perdu l'esprit, pour le premier vouloir un antique grief
rapeller qui, à ce moment, doit être oublié, a dit un
membre du tribunal : & le second ne doit pas avoir le
génie trop fécond, pour vouloir d'une affaire se mêler,
qui aucunement ne le peut regarder, & qu'il est hors
d'état de pouvoir appuïer.

Moi a repris *Ferdinand*, avec mes deux bataillons de
Cadets & mes Volontaires de la marine, je puis les
crocs couper, à qui voudra raisonner, & mon beau frère

Jo-

(*) Le 18 Août 1741. le Capitaine *Martin* avec une Escadre
de six vaisseaux de ligne, six frégates, deux galliotes à bombes, se
présenta devant *Naples*, il envoya une lettre du Roi son maitre, un
premier Ministre, qui défendoit à sa Majesté *Napolitaine*, de prendre
parti dans la guerre, que son père & son frère avoient contre la
maison d'*Autriche*, pour rec'amer les biens de la maison *Farnèse*,
le Capitaine *Martin* ne donna qu'une heure au Ministère de *Naples*
pour signer sans délai les volontés de la cour de *Londres*.

Joseph & le Roi de *Prusse* je puis faire trembler, s'ils osent seulement de leur place bouger :

Et ici d'outrepasser, sans plus long-tems à de si Royales sotises s'arrêter, & le Roi *Louis* d'avancer, que le Roi *George* ne voulant nullement à un accommodement raisonnable se prêter, il devoit les nobles Puissances supplier de sentence prononcer : — & *George* de surséance demander pour le tribunal de l'affaire en litige plus amplement informer, & M*rs Bute* & *North* d'insister pour qu'un Comité fut formé, à l'effet de pouvoir tous tenans & aboutissans plus mûrement considérer : — & M*rs. Choiseul* & *Aranda* de Comité & surséance décliner, & à leur tour de fortement insister pour que jugement définitif fut porté : — Certains membres du tribunal pour *George* inclinés de bien fort opiner, pour ne pas sentence précipiter, & les parties à un accommodement également juste & honorable tâcher de ramener, — d'autres membres de la longueur du procès ennuiés, de protester contre tout incident qui plus long-tems la conclusion pourroit retarder : que si *Louis* & *Charles Bourbon* & le Fabricant de boutons, ne vouloient à l'amiable s'accommoder, on devoit pour l'une ou l'autre partie prononcer, ou toutes les deux envoyer promener : que des membres vénérables d'un si auguste tribunal n'étoient point nés pour, cent ans, sur des bancs de bourre (*) siéger : que chacun avoit chez soi des affaires graves à terminer, & que sans un tort notable ne pouvoit négliger.

Moi, j'ai mes chiens à faire danser, a dit le Roi de *Dannemark :* — moi mes pigeons à donner à manger, a dit l'Électeur de *Saxe :* — moi mes Cadets

(*) Poils de bœuf, de vache & de veau.

dets (°) à exercer a dit le Roi de *Naples* : —— moi,
un camp nouveau, dans les Dunes, avec mon Eunuque, pour l'an prochain à former, a dit le Prince
d'*Orange* : —— moi, moi j'ai mes Sultanes à viſiter, ſans
plus tarder, a dit *Pierre le Roux Wurtemberg* : car
ſur mes brebis blanches **un noir belier pourroit monter,**
& par le Diable je ſerois cornifié : —— moi ma fabrique
je ne puis négliger, a dit le Roi d'*Angleterre*, car ſi
je ne vais pas travailler, du pain à ma femme & mes
enfans je ne pourrai donner, & de faim vont crever.
Cependant vaut mieux, quelques jours, travail laiſſer,
que de perdre procès : vaut mieux perdre un œuf, qu'un
bœuf.

Vîte, vîte on doit dépêcher, a dit le Roi d'*Eſpagne*,
car, mordieu, moi je dois chaſſer : ſans cela, cervelle
va me tourner, & en vingt - quatre heures je ſuis mort
& enterré.

A moi un arc de triomphe on a préparé, a dit l'*Impératrice* de *Ruſſie* : à mon retour le titre de G R A N D E
on va me donner, voilà pourquoi je dois avancer, &
vîte à *Pétersbourg* me retirer : car, ſi mon depart je ne
vais pas précipiter, je puis bellement être enculée, &
tout uniment *Catherine* P E T I T E reſter. J'ai pourtant
tant de millions de roubles ſacrifié, pour être immor-
taliſée, préconiſée, apothéoſée : j'ai un Code rédigé qui,
au Code *Juſtinien*, tout comme au Code *Frédéricien* (†)
don-

(*) Ceſt un furieux homme ce *Ferdinand* avec ſes *Cadets* ! Eh !
pourquoi ne pas faire monter ces valeureux Cadets ſur les cent vingt
canons de l'Amiral de (‡) ſon père ? Pourquoi encore ne pas les envoyer porter des faſſines & des gabions à *Gibraltar* ? ſi ſa Majeſté
n'a ſoin de faire prendre l'air à ſes Cadets, ils riſquent bien fort
de ſe moiſir à ſon *Portici*.

(†) Code du Roi de *Pruſſe*.

(‡) Le vaiſſeau Eſpagnol, la *Ste. Trinité* de 120 piéces.

donne cent coups de pied : au *François Bélisaire* il
Casaque tourné (*) : Casaque *Russe* lui ai donné, &
Casaque dernière sur Casaque première bien fort peut
l'emporter. De plus des trophées, des victoires ai gagné :
mon regne par mille beaux traits ai signalé : je mérite
parbleu bien d'être GRANDISÉE.

Moi, je dois aussi me dépêcher, a dit la Reine de
Hongrie, pour, à l'inauguration de ma fille (†) aînée,
& à la tonsure de mon fils (‡) cadet assister ; ce sont des
Actes par la religion consacrés, & je croirois faire péché
de ne pas m'y trouver.

Moi.

(*) Sa Majesté *Russe* a eû plaisir de faire une lotterie du *Bélisaire*
de l'Académique *Marmontel*. Elle a les chapitres de son livre en lots
partagés, & à autant de doctes personnages les a distribués, pour
être en un *Barbaro - Greco - Russa* translatifés.

(†) l'Archiduchesse *Marie Anne* désignée Abesse du Couvent des
Dames nobles de *Prague*.

(‡) l'Archiduc *Maximilien* désigné aux Electorat de *Cologne*, Evê-
chés de *Munster*, *Paderborn*, *Liège*, *Hildersheim* & autres lieux.
Dieu ayant béni la couche de *Thérèse*, cette dévote Princesse va faire
une offrande au Sanctuaire de l'*Alpha* & de l'*Omega* de sa fé-
condité.

Que le bon Dieu bénisse *Jesus* ! mais s'il s'étoit trouvé encore
en *Europe* quelque *Louis de France*, quelque *Ferdinand de Naples*,
ou de *Parme*, *Anne* eut pû être désforcée, & Damée, au lieu d'être
crossée & mitrée : — & si quelque Empire, ou Etat en quenouille
fut tombé, *Maximilien* eût avec femme bien duement couché, au lieu
de messe chanter.

On ne peut jamais blâmer la sollicitude d'un père, d'une mère
pour le bien être de ses enfans : mais ici, faut remarquer comment
cette politique, ou réligieuse sollicitude, comme on voudra, étend
imperceptiblement ses branches : bien-tôt à l'ombre de l'arbre *Lor-
rain - Autrichien*, ou pourra voyager en *Europe*, sans craindre le
soleil.

Moi , a dit la Reine de *Portugal* , j'ai un Eglife à
édifier (*) : *Jofeph* mon père me l'a par teftament recommandé , pour fes péchés expier : je ne puis plus long-
tems retarder , car l'ame de mon père attend peut-être
que cette Eglife foit achevée pour être du purgatoire
délivrée : peut-être , bon Dieu ! à l'heure que je parle,
brûle-t-elle à petit feu : difons un *De Profundis.* . . .

Puis que tout le monde trouve des excufes , a dit
Jofeph Empereur, je puis bien en trouver auffi : moi , je
dois faire un long voyage : je dois aller vifiter les glaces du Nord , voir les Provinces *Polonoifes* qui font tombées en partage à ma mere : delà , faire demi tour à
droite & demi tour à gauche , & vite donner un coup
de pied aux *Pays Bas* , puis me rendre en *Lorraine* pour
faire une neuvaine aux manes de mes pères.

Vous étes un fier troteur (†) , Monfieur l'Empereur,
a dit un membre du tribunal , par ma foi, fi vous tro-
tez toujours ainfi, vous irez loin.

On

(*) Le défunt Roi de *Portugal* , recommanda à fa fille ; en mou-
rant , de bâtir un Eglife , afin que , par le canal de cette Eglife ,
Dieu daignat lui faire paix & miféricorde. Si le batiment de l'Eglife
a pû *Jofeph* fauver, la chofe n'eft pas mal imaginée. Mais , eft-ce
par des pierres , du fable & des briques, qu'on peut la colère de
Dieu appaifer, & fon ame de l'enfer tirer ? . . .

(†) Il n'y a peut-être pas de poftillon en *Europe* qui , en fa vie,
ait couru plus de poftes que *Jofeph*. Si toutes fes courfes n'ont d'autre
deffein que de vifiter fes confrères , & voir du pays , tant mieux ;
mais fi l'envie venoit à le prendre de jouer le petit *Charles V* , &
fi après le *rèquiem* de fa mère , il venoit à jetter des monitoires à
bayonnettes fur certaines portions de l'héritage de *Charles*, alors malheur , malheur !

Plus en réfléchit , plus on eft étonné de voir un arbre à racines
mortes , & enté , comme un haut pin s'élever, & en un clin d'œil
un vafte horifon ombrager. Il n'eft pas de coin , même dans l'*Eglife* ,

où

On peut *Joseph* à mon beau frère *Gustave* atteler, ce font deux bons courfiers, a dit le Roi de *Dannemark*.

Chriftian, vous n'étez accoutumé qu'à des fotifes lâcher, mais avant de parler, trois fois en votre bouche devez votre langue tourner, a dit le Roi de *Suède*.

Voyez vous, Meffieurs, a dit le Roi de *Dannemark*, ce Monfieur *Guftave* qui veut faire le fin, l'homme d'efprit, lui qui a mis onze ans pour faire à ma Sœur *Madelaine* (*) un enfant?

Guftave de la fotife de *Chriftian* peu choqué, s'eft contenté des épaules lever, & de férativement demander de la caufe entamée pourfuivre & juger.

Oui bien, a dit un autre membre, ce n'eft pas le tout d'*ab hoc* & *ab hac* jafer, gafouiller, il faut encore l'affaire décider & fentence porter.

Ici nombre de membres compofant le noble corps des nobles PUISSANCES de fommeiller, de rêver; quelques uns d'à leurs maîtreffes fonger; d'autres d'ignorer fi du cochon, ou du lard du cochon, on vouloit leur faire manger, ou en dernière analyfe des cornes d'âne leur faire porter. — Et les *Bute* & les *North*, d'être interloqués, & *George* pour fon honneur de ne favoir à quoi s'accrocher; — les *Choifeul* ayant le tabac de leur tabatière confumé, n'ayant plus de Macouba, ni du Cuba à fourrer par le nez: les *Maurepas* étant de mortelle gou-

où la maifon *Lorraine-Autriche* ne cherche des états. L'aîné Empereur, le Cadet Archévêque-Électeur, &c. &c. ne déloperons pas d'en voir un jour un autre fur le trône du *Pape*, fi tant eft que *Joseph* n'anticipe le coup, & n'aille lui-même planter fon aigrette au Capitole.

(*) Sophie-Madelaine, Fille de *Frédéric* V. Roi de *Dannemark*, & Reine de *Suède*.

goute à la cheville du pied tourmentés : — l'*Aranda*
& le *Blanca* voulant leur *CARA MADONA* aller retrouver : — *Louis* à *Versailles* retourner pour un Dauphin
procréer, crainte qu'on ne pût le soupçonner d'être impuiffant né (*) & qu'un autre auroit fa fille (Madame
première) à fa place dans le moule d'*Antoinnette* jetté :
— & *Charles* ayant envie d'aller vîte chasser (†), crainte
de *subitò* expirer : — ici un autre membre d'opiner
pour promptes conclufions donner, & définitive fentence
porter : — & l'Avocat-général Roi de *Pruffe*, fans
plus long tems au tour du pot tourner, de l'affaire au
clair tirer, & de tout net s'expliquer, & fans le mot
mâcher de déclarer que *Louis* & *Charles Bourbon*, ayant
fur *George* fabricant de boutons de voix pluralité, les
premiers avoient procès gagné, & que le dernier devoit
tous dépens, intérêts, dommages payer : en fus que la
révolution de l'*Amérique* ne pouvant que le globe entier
intéreffer, on en devoit l'indépendance déclarer, & l'acte,
en

(*) L'*Europe* a très tort de croire *Louis XVI*. impuiffant : le
19 Décembre 1778. eft née Madame Royale, *Marie - Thérèse - Charlotte* ; la Médecine, la Pharmacie, la Chirurgie, peuvent-elles exiger
plus forte preuve de puiffance que la naiffance d'un enfant, & encore d'une fille ? on dira qu'un Duc de *Chartres*, un Comte d'*Artois*
ont coopéré au grand-œuvre : voilà la malice de l'homme de toujours
plûtôt croire au mal qu'au bien : mais *Charles* d'*Artois* & *Philippe*
de *Chartres* peuvent-ils eux-mêmes en confcience jurer que les Ducs
d'*Angoulême* & de *Valois*, leurs prétendus fils, foient de leur propre
cuiffe fortis ? abus ! abus ! cornes, cornes & cornes, & malheur aux
cocus !

(†) Ce Mr. *Charles* eft fi fou pour la chaffe que s'il devoit
24 heures refter fans chaffer, il le faudroit aux petites maifons enfermer, & cent feaux d'eau par jour fur le corps lui jetter. C'eft un
grand bonheur pour les peuples quand leurs Rois favent chaffer, c'eft
auffi une grande gloire pour les Princes,

K

ep forme autentique bien dûment legalifé , aux quatre
portes du monde faire afficher , afin que perfonne ne
pût caufe d'ignorance prétexter.

Et ici , un confeiller d'obferver, que comme M. l'Avocat-général venoit d'avancer , que la révolution du nouveau monde pouvoit le globe entier intéreffer , il étoit
de la prudence de ne rien précipiter.

Oui, a dit un autre membre, & il eft encore de conféquence d'examiner , fi en donnant aux *Bourbons* caufe
gagnée, ça ne va pas l'équilibre (*) troubler. Il exifte
entre les nations des principes effentiels à leur bonheur mutuel : principes qui portent fur la bafe d'un commun intérêt , de la fûreté , de la profperité des Etats,
de la publique tranquillité & de l'univerfelle félicité : que
deux cent mille hommes foient tués , au bonheur, ou
au malheur du monde, ça ne peut guère influer : mais
qu'une Puiffance vienne, une, ou deux provinces à con-
quéter, ça peut fon repos troubler, ça peut fur les têtes
humaines de grandes calamités attirer : qu'un Empire
ait de fon pouvoir , de fes forces, par conféquent de
fon poids, de fôn influence perdu , & qu'un autre l'ait
gagné : alors l'équilibre eft dérangé , & fans équilibre le
monde ne peut fubfifter : que l'*Amérique* foit indépendante déclarée, que du nouveau monde les *Anglois* foient
chaffés , que les *François* viennent fortement à s'y ancrer , je laiffe à la fcience, fageffe des nobles *Puiffances*
à confidérer , fi plus de mifère ou de profpérité, plus
de bonheur ou de malheur, pour l'univers peut réful-
ter, que fi *Bofton* fous la dépendance des *Bretons* vient
à refter, & *François* & *Anglois* à leurs poffeffions mutuel.

(*) C'eft le vieux cheval de Bataille, plus fameux en ce fiécle que
ne l'a jamais été le *cheval* de *Troie.*

elles en *Amérique* conferver, en laiffant les chofes fur
l'ancien pied

Ces idées qui n'étoient pas encore en tête des membres du tribunal tombées, ont donné matière à penfer.
l'*Amérique* doit-elle être indépendante déclarée ? les
Anglois doivent-ils de leurs Colonies poffeffeurs refter ?
Voilà ce qui a été de nouveau agité.

Les uns pour l'affirmative, d'autres pour la négative
d'opiner, fans que perfonne pût trop de fon fentiment
raifon valable donner.

Un membre feulement de remarquer qu'on devoit la
France empêcher de l'*Angleterre* dévorer, ce qui pourroit à conféquence tirer : d'ailleurs que l'*Amérique* vienne
à fe former en Souveraineté, ça ne peut guère la grande
famille intéreffer, la République univerfelle troubler;
mais tant foit peu la balance faire pancher.

Et l'Avocat *North* d'obferver que fi la *France* joint
à fon ancienne puiffance, le commerce de l'*Amérique*,
elle fera plus forte qu'aucune République; que fi on la
laiffe jouir du traité paifiblement, elle ira au defpotifme
univerfel inévitablement; que les Etats tomberont dans
le mépris, lorfque la *France* aura tout pris.

Et le même membre que ci devant, de ripofter avec
affez de fondement, que le grand defpotifme de la *France*
eft une chimère qui de tout tems a fait tort à fa félicité;
que toutes les fois qu'elle l'a tenté, elle y a échoué;
que c'eft à cette époque que *Louis* XIV. (*) doit cet
af-

(*) On avoit accufé *Charles-Quint* d'afpirer à la monarchie univerfelle ; on accufa *Louis* XIV. de la même ambition. Mais ni l'un
ni l'autre ne conçut un projet fi haut, fi téméraire. Cependant l'on
prit, l'on fema des alarmes utiles. On ne fauroit les concevoir,
les répandre trop tôt, quand il s'élève des Puiffances formidable
à leurs voifins. HIST. PHILOS.

K 2

affoibliffement qui en *France* date depuis fon tems; que
dans le fiécle où nous fommes, un Etat ne fauroit fortir
de l'enclos où la Providence l'a placé, fans en être
renverfé.

Me. *North* d'ajoûter qu'il eft ici queftion de la gloire
des *Bretons*, que les *Anglois* doivent verfer jufqu'à la
dernière goute de leur fang pour foutenir leur honneur
& leur rang; qu'ils doivent faire la guerre vivement
contre la *France*, l'*Efpagne*, *Bofton* & fon continent;
qu'ils font obligés d'exercer une vengeance autentique
contre ces deux couronnes & l'*Amérique*; qu'il vaut
mieux s'enfévelir glorieufement fous des ruines, que de
fe laiffer honteufement couper les babines.

Et le même membre à *North* de nouveau ripofter, que
d'entre-prendre de battre à la fois, *Américains*, *Efpa-*
gnols & *François* eft une fotife digne des *Anglois*; car
fi, avec toutes leurs forces, les *Bretons* n'ont pas pu
réduire *Bofton*; il n'y a pas d'apparence qu'on la réduife
alliée à la *France*; qu'un Gouvernement ne doit s'en-
hardir à la vengeance, que lorfqu'il eft fur de réuffir,
qu'autrement le reffentiment tombe fur lui, & lui fait
plus de tort qu'à fon ennemi; que la véritable fageffe
d'un Etat, en fait de guerre, concifte à bien choifir le
tems où il faut la faire; fur-tout celui qui peut con-
tribuer à fon avancement, fans quoi elle tourne à fon
détriment; que c'eft une mauvaife politique que de s'enfévelir fous des ruines, plûtôt que de favoir céder volon-
tairement aux malheurs des tems; que c'eft le dernier
parti qui refte aux défefpérés & non aux hommes fenfés;
que dans la politique il y a plus de grandeur d'ame de
céder au courant, que de fe laiffer entraîner par le
torrent.

Me. *North* de fur-ajoûter que chez les *Bretons*, dans
les différentes conditions, claffes & Etats, il y a encore
de

de quoi donner vingt combats, foutenir vingt campagnes contre l'*Amerique*, la *France* & l'*Efpagne*, que
les Marchands, Milords & Payfans prêteront de l'argent
en abondance pour faire la guerre à ces Puiffances; que
toute la nation fe dévouera pour détruire une union qui
?travaille à fa deftruction, que tout bon *Breton* a pour
loi, d'être jaloux de la gloire de fa patrie, & de fon
Roi; que par cette guerre la réputation des *Anglois*
fera rétablie à jamais.

Le même membre fans être fort favant, toujours à
M°. *North* de ripofter avec affez de bon fens, qu'un
Monarque qui veut faire danfer un ennemi au fon des
canons, devroit de fa poche payer les violons, qu'il
eft fingulier qu'on doive faire l'aumône à un Roi qui,
n'ayant pas de quoi acheter une armée veut cependant
faire la guerre;... l'honorable d'ajoûter, que tout bon
Breton ne peut comme fa gloire regarder de s'engager
dans une guerre, où il n'a que faire, puifqu'il ne fut pas
appellé à celle de l'*Amérique*, lors qu'on forma ce beau
projet politique; que celle dont on parle tant, intéreffe
George perfonnellement; que puifqu'il la ébauchée &
tramée, il en doit démêler la fufée;... & l'honorable
de finir fa raifon par cette affertion, que la *France* &
l'*Efpagne* ayant quatre cent mille hommes & deux cent
vaiffeaux de guerre, dans ce cas, que l'on confulte, que
l'on parle, ou qu'on ne parle pas, l'*Anglois* n'a d'autre
parti à prendre que celui de mettre pavillon bas.

Et M°. *North* de terminer par déclarer que *George*
a auffi force foldats, & une flote unique, capable de
faire la nique à la *France*, à l'*Efpagne*, auffi bien qu'à
l'*Amérique*, & qu'il eft déterminé plûtôt cent ans, s'il
le faut à guerroïer, que de la planche fauter.

Cent ans guerroïer, a dit un honorable, le terme eft
un peu long.

K 3 L'ob-

L'obftiné, l'entêté, l'enragé! a dit l'Avocat *Choifeul*, ou *George* la planche fautera, ou jamais de quartier on ne lui donnera.

Ce n'eft pas là de quoi il tourne, a dit un autre honorable : mais de favoir fi les parties veulent enfemble s'arranger, guerre terminer, & ultérieure effufion de fang arrêter, ou de fe voir extraordinairement pourfuivies, criminellement condamnées, & comme il convient, juftifiées.

Le monde eft comme une grande maifon, a pourfuivi l'honorable; cette maifon eft habitée par une grande famille ; lorfqu'un membre vient à un autre membre difpute chercher, qu'on femble par la tête, ou par les cheveux fe font accrochés ; qu'ils fe donnent des coups de poing, des coups de pied, on doit humainement les féparer ; s'ils font mutins, obftirés que dans leur querelle cherchent d'autres membres à entraîner, que les chofes en viennent au point du repos de la grande famille troubler ; fur tout s'il y a danger que le fang foit verfé, & que toute la maifon foit enfanglantée ; alors il eft de la prudence des Régens de la grande famille de remédier à de tels excès. Or, c'eft ici le cas, ces *Georges*, ces *Bourbons* & ces fauvages de *Bofton* ont troublé le repos de la maifon : ils ont affez long-tems ferraillé, il eft tems de les féparer, crainte que comme la pefte, la guerre qu'ils fe font déclaré, ne vienne à toute la famille gagner, & la grande maifon de fang inonder.

Les nobles PUISSANCES a encore pourfuivi l'honorable, font les Régens nés de cette maifon qu'on apelle le monde : c'eft à elles à veiller à la confervation de la maifon, à faire la police, à empêcher qu'on ne démoliffe l'édifice, & qu'on n'en prenne les pierres pour fe les jetter à la tête ; c'eft à elles qu'appartient de corriger, de punir, & de telles peines faire fubir qu'on a pû mériter.

C'eft

C'eſt bien parler, a dit un autre honorable: ces fripons de la ville de *Boſton*, ces inſolons *Bourbons*, & ce
god-damn de Fabricant de boutons, ont troublé le repos
de la maiſon; on doit les châtier, comme ils ont mérité,
& ſans plus différer, comme félons les regarder, ſur la
ſellette en conſéquence les poſer, au criminel les traiter,
& la peine düe à leur félonie leur infliger.

Ici, un autre honorable de tous les membres du
tribunal, hautement de foibleſſe accuſer, & de tous les
maux leur imputer que les félons ont occaſionnés, &
d'avancer qu'on devoit à leur place d'autres gens plus
entendus ſubſtituer qui, mieux qu'eux, ſauroient la
police dans la maiſon faire regner.

Et l'imperatrice de *Ruſſie* de l'honorable membre ſup-
plier de ſe rapeller du placard (*) raiſonné qu'elle a fait
aux quatre coins de la maiſon afficher & publier, pour
quelques individus inviter à elle ſe lier, pour mieux les
loix du bon ordre faire obſerver, & les fé'ons empêcher de la tête à tous les allans & venans caſſer, les
voler, & auſſi les étriviéres dans quelques corridors leur
donner.

Et les Repréſentans des *Suiſſes* & des *Griſons* & Mſieur
Bardillon (†) de leur mécontentement témoigner de ce
que Madame *Catherine* à *Geneve* & aux treize *Cantons*
n'avoit pas donné communication du placard annoncé,
qui, tout comme d'autres pouvoit les intéreſſer.

                                 Et

(*) C'eſt le plan de neutralité armée propoſé avec tous les ſimp-
tomes de l'entouſiaſme & de la vanité aux ſuiſſances maritimes neu-
tres, & en même tems communiqué aux ſuiſſances belligérantes. Vû
les diſpoſitions, la foibleſſe, la crainte, ou les intérêts cachés des
nations qui, comme l'*Hollandoiſe* peuvent y être le plus intéreſſées,
ce plan impérial peut autant ſervir qu'une cinquiéme roüe à un carroſſe.

(†) *Roch Bardillon*, Repréſentant de *Geneve*.

Et l'honorable Prince d'*Orange* des nobles Puissances
aviser, qu'il a nommé, au moins à sa République présenté , pour avec *Catherine* s'aboucher , deux Barons
de grand renom, qui ont vraiment du poil au menton (*).

Et *Catherine* , pour le tribunal tranquiliser, auffi les
nobles membres d'aviser qu'elle a eu la fageffe & précau-
tion de faire roder au tour de la maifon, quinze bateaux
à canons, pour chez les bravaches porter la terreur de
fon nom

Ici un autre honorable des idées d'un antique plan
frappé, d'au tribunal les propofer, & les nobles Puissances inviter de concert à s'en occuper. C'eft pour
les fondemens d'une perpetuelle paix (†) jetter, d'un
Sénat permanent créer, à l'inftar de celui chez les *Sarmates* (‡) inftitué

Ce Sénat, a pourfuivi l'honorable, toujours fubfiftant,
& compofé de membres pris tour à tour parmi les nobles
Puis-

_____

(*). Ce font deux Barons *Hollandais* , par les Etats Généraux
nommés , pour à *Pétersbourg* troter & avec *Panin* aller conféter.
Cette conférence ne tirera pas à conféquence. Les chofes irons
toujours leur train : les *Hollandais* feront par ci, par là , volés, feffés,
mais quand des tonnes d'or on peut gagner , on eft aifément confolé.
C'eft être bien largement payé, que de recevoir cent coups de bâton
fur le cû , & de gagner mille écus.

(†) C'eft le fameux projet de l'Abbé de *Saint - Pierre*. Le fameux citoyen de *Geneve* a depuis recrépi ces rèves d'une ame ver-
tueufe.

(‡) Les lâche & vils *Polacres* euffent bien mieux fait d'établir un
corps permanent de cent mille hommes, qu'un *Aréopage* vendu, ou
toujours prêt à fe vendre à la première des Puiffances voifines qui
voudra l'acheter. Mais, que peut on attendre de bon d'une race
d'hommes qui fe laiffe partager & trier comme un troupeau de
bêtes, & qui eft devenüe le rebut, l'opprobre de l'univers ?

(153)

PUISSANCES, formeroit un Congrès, bien autrement
que celui de *Philadelphie* respecté. Il seroit destiné à
toutes querelles entre Sceptres & Couronnes juger, leurs
débats décider, tous attentats entre Peuples & Potentats
réprimer.

Un Congrès ainsi formé, aux loix du quel tous les
Souverains seroient enchaînés, pourroit son autorité faire
respecter sans la sanction du canon.

Si quelque Prince, Empereur, ou Roi, alors s'avisoit
de provinces usurper, de Royaumes partager, de quelque effet voler, du repos public troubler, de quelques
membres de la grande famille violenter : alors, au nom
& de l'autorité du vénérable Congrès, un huissier dûement patenté iroit en sa maison au corps l'appréhender,
en prison l'amener, puis le Congrès instruire, faire &
parfaire son procès, & d'après de son délit la griéveté le
punir, le châtier .

Ceci n'est pas si difficile à exécuter, a, de nouveau,
l'honorable avancé. Il s'agiroit d'une seule convention
passer au nom de la *très Sainte Trinité* (*), *Père, Fils
& Saint-Esprit*, par les Régens des Nations, & les uns
& les autres de se rendre cautions de l'universel traité
qui pourroit le repos de la terre assurer, & pour toujours
empêcher du sang humain verser.

Alors, si quelque Duc ou Archi-duc au système vouloit former opposition, le Congrès pourroit lui faire
entendre raison, la bayonnette sous le menton ; & une
fois lui ayant coupé le menton, on pourroit consommer
cette heureuse opération ; par un bon exemple donné,
on

___

(*) Il est inconcevable comment les Princes, les terrestres Majestés
osent de la céleste se jouer : son nom saint invoquer dans des traités
qu'ils sont disposés, un quart d'heure après à enfraindre & violer !
O Dieu ! ô Saints, comme vous êtes en ce monde prostitués, joués !

K 5

on pourroit tous monarques obliger à vénérer les décisions de l'univerfel Congrès. A la première explofion,
on pourroit tous germes meurtriers de guerre extirper,
& leurs agens fur le champ du monde exterminer;.. alors
plus de befoin de fabres, bayonnettes, fufils, cartouches; plus de néceffité de foldats de terre & de mer payer,
& de cent vaiffeaux de ligne folder.

Comme le fiftême de l'honorable, s'il étoit réalifé,
n'iroit à rien moins qu'à faire les troupes licentier, armées congédier, & empêcher de camps former; nombre
du membres, entr'autres Monfieur Caffel de fe récrier,
& pour raifon donner, que pour la Majefté des Souverains conferver, & leur facrée perfonne affurer, qu'ils
devoient toujours avoir à leurs entours & contours des
Dragons, des Grenadiers, des Carabiniers, fans cela,
qu'ils feroient à tout bout de champ expofés à être par
leurs ferfs affaffinés. que les fabres & bayonnettes étoient
d'indifpenfable néceffité dans le monde, auffi bien que
les potences & les Bourreaux: & que le cas venant,
à fufils, cartouches, poudre, canons, mortiers, à fup-
primer, lorfqu'il s'agiroit, le jour de naiffance (*) de
Ma-

(*) Le père d'un de ces Princes bouchers, ou bourreaux *Allemands*, que par fentiment ne voulons pas citer, pour ne pas les
cendres facrées des morts remuer, voulant une fête, le jour de la
naiffance de fa femme donner, & n'ayant pas feulement en bourfe
de quoi faire des marionnettes de bois danfer, à fon Contrôleur-
Général des Finances un mandat fit expédier, pour cinquante mille
écus d'*Allemagne*; en vingt-quatre heures être trouvés, & deux cent
coups de bâton, à l'*Allemande*, fur le cû être appliqués, à qui
oferoit raifonner, ou qui ne voudroit pas fe dépêcher à bourfe
délier.

Ce trait eft un peu *Allemand*, un peu *Goth*, un peu *Vandale*: mais
il n'en eft pas moins vrai: l'original pouvons citer, il tient un peu
de la cervelle defpote de ce Roi *Brandebourgeois*, qui n'a guère plus
de

Madame *Caffel*, ou de Madame *Hanau* célébrer, & un
Gala aux Ambaffadeurs réfidens à leurs Cours donner,
ils ne pourroient en la poche de leurs ferfs pêcher, &
que ces ferfs, au lieu de bonnes *Guldes* leur bailler,
pourroient fort bien des coups de poing leur fourrer
par le nez, ou de coups de pieds au cû les régaler: &
Monfieur *Orange* de vivement Monfieur *Caff.l* appuïer,
& de fortement au fyftême de l'honorable, comme Monfieur *Caffel*, s'oppofer, & de tout net déclarer, que le
fyftême foit, ou ne foit pas réalifé, il veut fes vingt
CENT-*Suiffes* (*, de la garde conferver: que s'il venoit
à fes vingt CENT-*Suiffes* & fes feptante quatre gardes
du Corps a réformer, à une baffe-cour, plûtôt qu'à un
Cour, fa Cour (†) pourroit reffembler.

Et ici, un autre honorable de demander qui, enfin,
du procès devoit les violons payer.

Et

de 40 ans, étoit fur le trône de *Pruffe* féant, & qui, à fon plaifir
& volonté, faifoit coucher un Caporal avec la fille d'un Général.

(*) Le Roi de *France* a cent CENT-*Suiffes* à halebardes, fraifes &
culottes à la *Henri* IV. & Monfieur *Louis* eft bien digne d'avoir des
CENT-*Suiffes* qui font des petits garçons feulement de 4 coudées;
mais Monfieur *Orange* qui a vi gt favetiers boffus, tortus, crochus,
& qu'il apelle CENT-*Suiffes*, c'eft fe moquer du bon fens:

(†) Et Mr. *Linguet* (‡) eft un impertinent d'une fi brillante Cour
critiquer qui a tous les fimptomes de la Royalité. Un grand maître
de la Cour, qui n'eft pas un Prince de *Condé* au moins; un grand
Chambellan de la Cour; des Gentilshommes de la Chambre & des
valets de Chambre; une mufique de la Chambre, & des frotteurs de
la Chambre; en fus une Commiffion établie pour la direction de la
Cour, le département de la Cour, & le département de l'écurie
de la Cour; dito, deux *Negres*, Meffieurs *Cupidon*, *Chiron*: trois
Médecins, un Chirurgien, un Apothicaire, un Bibliothécaire, un
Libraire, un Architecte, un barbouilleur, un peintre &c. &c. &c. ne
voila-t-il pas une Cour en règle, s'il en fût jamais?

(‡) *Annales Politiques*, Tome 6. No. 41. page 34. édition de la
Haye.

(156)

Et les *Butes* & les *Norths*, & les *Maurepas* & les *Choiseuls*, & les *Blancas* & les *Arandas*, chacuns de leur côté comme Diables pour leurs parties se demener; — *George* de tous ses membres trembler, doutant fort que sentence fut en sa faveur portée; *Louis* croyant sur la justice de sa cause pouvoir compter, de ne pas trop paroître troublé; *Charles* plus impatienté d'être privé de chasser, de bien fort demander d'être jugé, & de façon ou d'autre condamné.

Et un autre honorable d'au noble tribunal des nobles PUISSANCES observer, si, de si vénérables membres, après avoir si long-tems sur les bancs siégé, seroient de leurs épices (*) payés.

Ça va sans dire, a dit un honorable, toute peine demande salaire; mais pourtant il s'agit de la grand' affaire décider, sentence porter, & voir qui doit le lard manger.

Certains membres d'opiner pour les parties hors de Cour renvoyer; d'autres pour chercher d'ensemble à l'amiable les raccommoder; d'autres enfin d'insister pour que jugement fut donné; & le tribunal d'être fort embarrassé & de ne savoir quoi décider.

Et ici, petit incident, jugement & prononçiation de sentence de retarder. C'est Monsieur *Ba-ba-bou* qui avoit chose de très grande conséquence à Monsieur le *Grand-Turc* à communiquer. Sieur *Ba-ba-bou* à Sieur *Abdul-Hhamid* Président, ayant fait un signe de *franc-maçon* avec le pouce, *cito, cito,* Messire *Hhamid* siége a levé pour aller à la buvette (†) avec *Ba-ba-bou* s'a-

(*) Argent qu'on donne aux juges pour le jugement d'un procès.
(†) Bouchon, cabaret du palais de *Paris*, où ceux qui plaident & ceux qui ne plaident pas, peuvent aller boire, manger, se faire décroter pour leur argent.

s'aboucher, & ce dernier d'à fon maître déclarer, qu'un
Turc en Eſtafette venoit d'arriver & trois dépêches du
grand *Viſir* avoit apporté. Par la première ſa Hauteſſe
étoit aviſée que la peſte dans ſon Sérail s'étoit fourrée : — par la ſeconde , qu'un paquebot de ſoixante
canons de *Moscovie*, à *Conſtantinople* comme un voleur
étoit entré : que ſûrement ſon deſſein étoit du ſerrail
voler ; — par la troiſième, qu'une Sultane apellée
Catherine, & un Sultan nommé *Joſeph*, s'étoit rendezvous donné pour enſemble choſes noires machiner: que
pour empêcher que perſonne ne vînt aux portes écouter, ſept mille Janiſſaires *Ruſſes* aux portes avoient poſés;
mais que malgré toutes leurs précautions, leur ſecret
s'étoit éventé: qu'une vieille *freule Polacre* à un châtré
l'avoit révélé; que de ce châtré, le grand *Viſir*, pour
cent mille écus au lion, l'avoit acheté, & ſoudain un
courier en poſte avoit dépêché, pour à ſa ſublime Hauteſſe le communiquer.

Ce grand ſecret, D I T - O N, étoit un projet formé,
du *Grand-Turc* de l'*Europe* exiler, & dans un petit
coin de terre avec tous les *Turcs* le confiner, & de ſa
dépouille entre quatre partager.

Le plan eſt tout tracé: la planche prête: il n'y a que
le *Rubicon* à paſſer. La *Turquie* n'eſt pas plus difficile
que la *Pologne* à dépiller, & les *Turcs* s'étant laiſſés par
les *Ruſſes* houſpiller, tant que ceux-ci ont voulu, &
que trente mille recrûes (*) de *Catherine* ont défait
con:

(*) ça été merveille, ma foi, de voir une poignée de *Ruſſes*
marcher ſur le ventre à des armées de *Turcs* ; d'après les Barremes
politiques, il n'y a pas eu moins de quatre cent mille & quelques
cent *Turcs* de laiſſés ſur le carreau. Si les Gazettes n'ont pas dit
vrai, & ſi le Cabinet de *Péterſbourg* a menti, ça n'eſt pas notre
faute. Ce ſont de grands fiers tueurs ces *Ruſſes*; s'ils s'aviſent enco-

conftamment deux ou trois cent mille *Osmanlis* vétérans,
les *Turcs* peuvent être aiſément battus, cocus, vaincus.
D'ailleurs, étant des Chrétiens ennemis déclarés, & des
beaux arts ennemis jurés, & n'ayant chez eux ni Académies des ſciences, ni Académies de belles-lettres, ils
font indignes de terre en *Europe* poſſéder. On les doit
condamner à être dans quelque particule de déſert de
l'*Arabie* pouilleuſe, le reſte de leurs jours, ciaquemurés:
& puis le Croiſſant partager avec la chapelle de *Mahomet.*

La Dépêche du Courier de Cabinet *Turc* contenoit
un projet profond, imaginé par un politique qui ſait ſon
Machiavel à fond, & entre *Catherine* & *Joſeph* arrêté,
pour être en tems & lieu exécuté.

En voici une petite eſquiſſe pour les curieux:

„ Le Ciel, la terre & l'eau & leur contenu, entre le
Nieſter & le Golfe *Adriatique* ſeront généreuſement &
fidelement partagés entre quatre groſſes têtes de l'*Europe* .... *Joſeph, Louis, Catherine & Fréderic.*

Voici les Lots: à *Joſeph,* on livrera & abandonnera la
Walachie, & la *Bulgarie* juſqu'aux montagnes *Bulkam,*
la *Servie,* la *Sclavonie* & la *Bosnie:* — à *Louis, Candie,
Chypre, la Morée* le *Negrepont* & un bon morceau
des îles de l'Archipel *Grec* — à *Fréderic,* la *Moldavie,*
la *Beſſarabie,* & le petit eſpace que renferment entr'eux
le *Nieſter* & le *Danube* juſqu'à la mer noire; en ſus,
un petit peu de la *Pologne mineure,* un petit peu de la
Ruſſie-rouge, un petit peu de l'*Halitie,* & la *Courlande*
&

core, une fois, de s'empoigner avec leurs bons amis, il eſt bien à
craindre qu'ils ne les ment tous, & qu'alors il n'y ait plus de *Turcs*
dans ce monde Que de cimeterres gagnés! que de turbans rem-
portés! auſſi que de Colonnes (*) de marbre de *Sibérie* élevées!

(*) Il en eſt une : *Czarſé-xelo* de quarante-huit pieds de hauteur,
& qui peſe 72,000 livres, quelques onces & quelques gros,

& la *Samogitie:* — à *Catherine*, la *Crimée*, le terroir
d'*Oczakoff* & tous les *Tartares* vers la mer d'*Asoff*.

Et pour mieux l'équilibre assurer, le Doge de *Venise*
sera gratifié de *Constantinople*, de la *Thrace*, la *Macé-
doine*, l'*Albanie*, la *Romelie*, &c."

Il sera fait un inventaire de toutes les femmes &
eunuques du Sérail pour être vendus à l'encan: le reste
du mobilier restera sur la place pour le service & usage
de ceux qui viendront remplacer les *Turcs*, lorsqu'ils
seront partis.

Une apostille qui se trouve dans le papier renfermant
le projet de partage donne pour raison légale de son opération, que *Louis* est *Catholique* par excellence, que
Joseph est *Apostolique*, & que *Catherine* &*Frédéric* sont
d'excellens *Chrétiens*, par ainsi qu'ils ont tout le droit
du monde à la succession du fils de feüe *Ste. Hélène.*

Lecture sérieuse faite des trois dépêches, Monsieur
Hhamid, *subito* à Monsieur *Ba-ba bou* a ordonné de sur
le champ l'estafette *Turque* renvoyer, & d'ordres très
précis au *Visir* donner 1°. de vite peste du Sérail chasser,
2°. le voleur *Russe* de soixante canons qui s'est glissé à
Constantinople, comme un espion, de le faire pendre
sans rémission; — quant au contenu de la troisième
dépêche de fortement enjoindre au dit Sr. *Visir* de, sans
perdre tems, aux quatre coins de l'Empire du Croissant,
faire planter des canons de la fonderie de Monsieur *Tott*,
& de ce dernier prier de mieux s'occuper à apprendre
aux *Turcs* à plus juste tirer, & à ne plus par terre se
coucher pour laisser les *Russes* sur leur ventre passer.

Le Président *Grand-Turc* au tribunal rentré, ses crocs
a retroussé, un peu d'humeur à *Joseph* & *Catherine* a
témoigné, & par des grimaces *Turques* bien clairement
leur a démontré qu'il pouvoit par dessous sa jambe tous
deux les faire passer.

Et

Et les nobles PUISSANCES rendues & hors d'ha-
leine, après avoir, ainsi que dessus, bravement disserté
& radoté, & s'être aussi pouillé chamé, du procès. on
ne peut, plus ennuïées & fatiguées : — & quelques
membres sensés d'à toute instance demander que jugement fut enfin porté: & ici toutes les oreilles de se dresser
& dans l'impatience & perplexité de ce qui alloit être
par le tribunal prononcé

Et de nouveau le président *Grand Turc* des voix des
nobles PUISSANCES demander, sur ses doigts les
compter, crainte de se tromper, & enfin de sentence
ainsi porter:

„ LES NOBLES HAUTESSES MAJESTÉS &
ALTESSES & leurs Excellentes rotures les REPRÉ-
SENTANS des Républiques, en tribunal extraordinaire-
ment assemblés, pour le procès juger entre *Louis* &
Charles Bourbon, & *George* Fabricant de boutons,...

ONT DÉCLARÉ & DÉCLARENT que *Louis* &
Charles ont leur cause avec dépens, intérêts & dommages gagné: qu'ils sont de toute accusation, inculpation
de félonie, perfidie, trahison, dissimulation, déchargés,
& que les mémoires des Avocats de la partie *George*
resteront supprimés:

„ Que pour que tâche noire ne puisse sur le corps des
Bourbons rester, & être en quelque coin de l'univers
mal famés:

„ De l'ordre & par l'ordre des nobles PUISSANCES,
Louis sera sur une haquenée (*) monté, la tête de lauriers
couronnée & d'un bout du monde à l'autre en fanfares
promené:

„ Que *Charles* sera monté sur une rossinante, la plus
belle rossinante qu'on pourra trouver; qu'une corne de
bouc lui sera donnée, pour en chemin les bêtes apeller
& en être complimenté: „ Qu:

(*) Cavale ou petite jument.

,, Que *George* fur un âne à longues oreilles fera placé;
la face vers la queüe tournée, & qu'à la place de la
jarretiére *bonni foit qui mal y penfe*, une longue queüe
de finge lui fera baillée:

,, Enfin que *Franklin* a de fon *Amérique* INDÉPEN-
DANCE gagné, qu'elle eſt des nobles PUISSANCES
hautement déclarée, pourvû que du nouveau monde les
Anglois à coups de triques foient bellement chaſſés:

,, Et que le préfent arrêt fera aux quatre portes du
monde affiché, afin que perfonne ne puiſſe caufe d'ignorance prétexter."

D'une telle fentence, Monfieur *George* & Mes *Bute*
& *North*, comme loups de heurler, comme de vrais damnés fe démener, le vifage de s'égratigner, les cheveux
s'arracher, la poitrine fe fraper, imprécations noires,
invectives groſſes contre le noble tribunal de lâcher;
— & Mr. *George* d'être fortement repréhendé, &
vivement menacé d'être *fubitô* du tableau des Rois rayé;
— & Mes *Bute & North* d'être à l'inftant condamnés
à baillon (*) de bois de bambouc à *la Lally* porter. —
& Mes *Choifeul*, *Maurepas*, *Aranda*, *Blanca*, de victoire
crier: — Monfieur *Louis* d'être content comme un Roi:
— Monfieur *Charles* de fauter, danfer, des pieds, des
mains & des feſſes claquer, une coquarde demander,
& un *Te Deum* à grand cœur faire chanter.

Et *George* d'avancer que voyant prefque tout le tribunal des nobles PUISSANCES contre lui mal inten-
tioné, & ne pouvant trop affirmer, fi la plûpart des
membres n'étoient pas des *Bourbons* falariés, il vouloit
fa caufe au *Pape* évoquer, & à fon tribunal en apeller.

Ici

(*) Cette invention eſt digne des tems les plus féroces & les plus
barbares & ne peut qu'imprimer un Caractère deshonorant au tribunal qui en eſt l'auteur.   L.

.Ici un honorable de demander qu'au préalable deux membres des nobles PUISSANCES fuſſent nommés pour les épices régler, & les nobles membres de leurs épices être payés.

Et le pauvre *George* déſeſpéré, ne ſachant plus de quel bois ſe chauſer, à quelle porte fraper, à quel Dieu, ni à quel Diable ſe voüer, ſoufflé par un illuminé de preſcience doüé, requêtes, information & piéces au *Pape* en APPEL de faire préſenter : & aux Avocats de la partie *Louis* & *Charles*, par les Avocats de la partie *George*. acte ayant été exhibé par miniſtère d'huiſſier, pour devant le tribunal du *Pape* ſe trouver, & être de nouveau jugement porté, & ſa Sainteté ayant ſes rouges confrères aſſemblés, les choſes ainſi qu'il ſuit ſe ſont paſſées, & ainſi que plus long ſur les régîtres *Papaux* ſe trouve porté.

L'APPEL
AU
PAPE.

CE JOUR DE L'AN DE GRACE, le facré Confi-
ftoire congru & incongru extraordinairement convoqué, *Pie IV.* préfent, Cardinaux, Évêques & autres
compofant le Confeil de la fainte féquelle non abfens,
tout le faint facré Collége affemblé, le très facré
SAINT PÈRE a ainfi parlé.

RÉVÉRENDIS..IMES FRÈRES EN DIEU!

Le fucceffeur de celui (*) qui, par la malice noire
de Satan, il y a un fiécle paffé, fur l'échafaut la tête
a porté dans l'hérétique & fchifmatique Royaume *Britannique*, du tribunal des PUISSANCES de la terre, au
Saint Siége de *Pierre* vient d'en apeller, pour être en
derniere inftance jugé dans le procès qu'entre lui d'une
part, & nos très Chers Fils *Très-Chrétien* & bon *Catholique*, *Louis* & *Charles*, d'autre part, s'eft élevé.
Celui qui tient dans le chaton de la bague de fon petit
doigt le deftin des Empires, qui les éleve, ou les abaiffe
à fon gré & les coupe comme le fommet d'un épi de
bled, qui brife à fon bon plaifir les trônes, les fceptres
& les couronnes; celui dont les jugemens font un grand
abymc, fa fageffe & fa juftice comme de hautes montagnes, qui marche avec tourbillon & tempête, & dont
les

(*) Charles I.

L 2

les nuées font la poudre de fes pieds; qui tanfe la mer;
& la fait tarir, & deffiche tous les fleuves; qui fait
voler les montagnes en pièces; dont la fureur s'épand
comme un feu, & les rochers fe démoliffent devant lui,
& la terre tremble & ceux qui l'habitent, (*Nahum. I.
III. & fuiv.*) Et fin qui diffipe les nations & met au
néant les deffeins des peuples & des Rois; dans la pro-
fondeur & immenfité de fon jugement & de fon confeil,
a, dans un monde que Dieu, à l'aide de la bouffole,
a découvert à nos yeux, une nation nombreufe & puif-
fante foulevé, qui fon mors a rongé, d'épées brillantes,
d'halebardes étincellantes s'eft armée, chevaux pétillans,
chariots fautelans a fait marcher; contre fon Prince for-
tereffes grandes, citadelles fortes a élevé, & fon joug
Royal a fecoué.

Sur ce, nos très chers fils le Catholique *Charles*, &
le Chrétien *Louis*, par la grace de Dieu, affiftance dans
ce nouveau monde ont porté, armes, armées y ont
traîné; poudre, plomb, canons, falpetre, fouffre, pi-
ques, piftolets, pierres à fufil, ont charié; & une Bulle
de leur main Royale ont donné, pour cette nation au
rang des dominations de la terre placer.

Sur ce, le trois fois hérétique & fchifmatique *George*,
foi difant *défenfeur de la Foi*, en procès à coups de
canons avec nos bien-amés fils eft entré; le procès a été
au tribunal des Monarques porté, jugé, & l'hérétique
George a été par fentence bien dûement condamné, & je
ne fais, par quel *l'ertige*, en vie a pris à ce chien de
damné d'à ma Sainté en apeller.

Quoiqu'à tout fchifmatique & hérétique le tribunal
de la mule du *Pape* foit fermé, & que par nos faints
Canons, ils foient condamnés au feu d'enfer éternellement brûler; cependant, comme ceci eft une affaire de
conféquence, la facrée Congrégation doit paffer par
def-

deſſus toute conſidération, & procéder avec la plus
grande attention, peut-être qu'au giron du *St. Siége* les
Bretons pourrons ramener, & le *Dénier* (*) *St. Pierre*
avec arrérages leur faire payer.

Et ici les rouges calotes de la Sageſſe du *St. Père* exal-
ter, & de ſon avis, *und voce*, de ſe ranger, & de demander que les Requêtes de *George*, & piéces & ſentence du procès y annexées, ſoient à la ſacrée Congrégation préſentées, pour y être d'icelle mûrement exa-
minées.

REQUÊTE DE GEORGE.

AU TRès SACRé SAINT-PÈRE *Pie IV.* SERVITEUR DES SERVITEURS DE DIEU,

George III, DéFENSEUR DE LA FOI &
ROI d'*Angleterre*, Salut.

CHER & AMé CONFRèRE dans la Loi
de *Chriſt !*

C'eſt le cœur touché de componction & plein de religion que je viens dans votre *Papal* ſein mes griefs affec-
tueuſement dépoſer, & à votre juſtice en déférer.

Louis & Charles Bourbon, à tort & ſans raiſon, m'ont
querelle cherché, & procès grave par devers les PUIS-
SANCES a été intenté, & c'eſt contre droit, raiſon,
équi-

_____

(*) Tout le monde ſait ce qu'eſt le *Dénier St. Pierre :* Lorſque les
Anglois étoient honnêtes gens, c'eſt-à-dire des ſots, ils faiſoient
comme font les *François*, *Allemands*, *Eſpagnols*, *Portugals* & autres
imbécilles : ils envoyoient à *Rome* des charettes d'or pour la Cuiſine
du bienheureux *St. Pierre.*

J. 3

(166)

équité, justice que j'ai été condamné, MOI, très Saint-Père, qui suis le meilleur bon homme de Roi qui ait jamais repofé fur le trône d'*Angleterre*.

C'eft donc à votre *Saint* tribunal, que je crois jufte & loyal, AMÉ CONFRÈRE, que, dans ma fageffe, ai décidé d'en apeller. Etant compofé de perfonnages vertueux, craignant Dieu, haïffant le gain deshonnête, je dois naturellement attendre que de fi dignes membres ne pervertiront pas le droit; qu'ils jugeront juftement; que des *Bourbons* ne prendront pas de l'argent pour me condamner iniquement.

Dans cette confiance je fuis,

DE VOTRE SANCTISSIME SAINTETÉ,

Le très cher & bien-amé Confrère MOI GEORGE, Fabricant de boutons, & Défenfeur de la Foi des *Bretons*.

* Au bas de la Requête étoit, par apoftille, promeffe de *George* au *Saint-Père* de lui prendre cent- & une mille rames d'*Indulgences*, deux cent & deux mille barils de *Corps Saints*, & un million, ou environ, de caiffons d'*Agnus-Dei*, d'envoyer chercher ces marchandifes par deux vaiffeaux bien dûement bénis, & batifés & confirmés, fuivant le *rit Romain*, montant chacun cent dix canons & un Régiment de Dragons; les deux vaiffeaux bien équipés, bien convoyés, crainte que l'envie ne prît au Roi *Chrétien* & au Roi *Catholique* de fe faifir des faintes reliques dont ils font affez religieufement curieux, & qu'ils ne troublaffent ainfi l'équilibre *Eccléfiaftique*, comme ils troublent l'équilibre *politique*, enfin.

de

de les faire vendre & débiter dans les trois Royaumes au profit du *St. Père*, ne demandant lui *George*, pour ses peines, que le fret, le courtage & l'emmagazinage.

Ici deux maîtres de Requêtes de l'Hôtel du *Pape* d'être nommés pour les pièces des parties reviser, & ensuite comme il se pratique les rapporter.

Et nombre de membres de la sacrée Congrégation de commenter à leur façon la supplique du fabricant de boutons.

Les uns d'avancer que *George*, étant hérétique & schismatique, on ne pouvoit de droit admettre sa supplique, qu'étant sous les anathêmes de notre mère la *Ste. Eglise*, par ainsi *ipso facto* damné & aux flammes d'enfer voüé, pendant l'éternité, aux faveurs des vrais enfans ne poûvoit même en ce monde participer, en conséquence qu'on devoit, si non *George* condamner, du moins comme un peteux, un galeux le renvoyer.

D'autres Eminences d'observer que *George* avoit blasphémé, qu'il avoit osé de Confrère avec sa Sainteté se nommer, & de défenseur de la Foi se déclarer : que ce titre étoit usurpé, que jamais par *Pape* du monde à des Rois d'*Angleterre* n'avoit été donné, que sur ce, on pouvoit le Héraut d'armes de sa Sainteté consulter; en conséquence qu'étant usurpé, on devoit à *George* le faire regorger, & aussi en tous points la sentence des nobles Puissances confirmer; que les membres de ce haut tribunal étoient à la fois trop éclairés & trop désintéressés pour avoir à tort & injustement *George* condamné; que ça ne pouvoit sous le sens tomber; d'ailleurs que ce seroit le ressentiment des *Bourbons* sur les bras s'attirer, que de vouloir la cause de *George* même avec justice favoriser.

Une autre Eminence moins fanatique, mais plus illuminée, de toutes ses forces à son Confrère de riposter,

L. 4   &

& de religieufemént lui obferver que par la loi de Dieu
ces mots font portés: „ tu ne feras point d'iniquité en
jugement, tu n'auras point d'égard à la perfonne du
petit, ou du grand: mais tu jugeras ton prochain juftement (*): l'étranger ou l'ennemi ne doit t'être ni plus
ni moins que l'ami, ou celui qui eft né en ton pays:
tu ne pervertiras point le droit, & tu fuivras une entiere juftice: & ces autres: Il n'eft pas bon d'avoir égard
à la perfonne du méchant, pour renverfer le jufte en
jugement.

De fi faints préceptes rapellés à des Eminences qui les
avoient oubliés, en elles-mêmes les ont tant foit peu
fait rentrer, & fans plus trop la requête du pauvre
George en lunatiques commenter, & fur fon fchifme &
fon héréfie s'arrêter, & prétendre abfolument qu'il doive
être damné, de faire droit à fa fupplique & de demander
d'être de fa caufe informées.

Et les membres de la Ste. Congrégation, Commiffaires
nommés, d'ainfi la raporter.

En Confeil des PUISSANCES, les HAUTESSES,
MAJESTÉS & ALTESSES, & Agens des Républiques,
extraordinairement convoqué, a été jugé procès entre
Louis & *Charles Bourbon* d'une part, & *George Hanovre*
Fabricant de boutons, d'autre part.

A prendre la chofe par la racine, & juger d'après les
pièces & inftruction de l'affaire, Arrêt & Sentence ne
femblent pas mal portés: & juges paroiffent, d'après
toutes les règles des Inftituts, Digeftes, Coutumes, droit
& juftice avoir prononcé; & *George*, fainement parlant,
ne peut avoir raifon de fon côté.

Pour au très *Saint-Père* & aux Révérends Confrères
compofant le tribunal de la Ste. Congrégation, tous ren-
fei-

(*) Lévic. XIX XX.

feignemens, inftructions, informations donner, que le
principal & acceffoires du procès femblent demander, il
ne s'agit pour un moment, que d'à quelques milles-mil-
les fe tranfporter. Là dans l'étude du notaire *Bofton*,
en protocole bien dûement légalifé, on trouvera acte
configné qui a donné naiffance au préfent procès.

Par cet acte devant Officier public paffé, eft porté:
que tel jour, tel mois, telle année, devant les portes
de M*e*. *Bofton*, eft arrivé un bateau de feuilles chargé,
les quelles feüilles on fait communément infufer, lors
qu'on a l'aiguillette au nombril nouée, qu'on veut l'aiguillette dénouer, & fon *ventre* alléger; lefquelles,
les Clercs de M*e*. *Bofton* notamment le M*e*. Clerc Sr.
Adam (*), defcendant en ligne perpendiculaire de notre
premier père, n'ayant envie ni d'infufer, ni de diftiller,
ni l'aiguillette dénoüer, ni le ventre fe décharger, parceque cela par un Médecin nommé *Franklin*, grand Docteur & Profeffeur leur avoit été prohibé, fans autre
forme de procès, s'étant de Tafia grifés, ont ces feüilles dans le ruiffeau de M*e*. *Bofton* jetté, & le bateau
devant fa porte ont brûlé

Soudain des Doüaniers qui font comme les Douaniers
du *St. Père* d'arriver, & à M*e*. *Bofton* de demander pourquoi fes Clercs avoient la charge du fus-dit bateau en fon
ruiffeau jetté, & le bateau lui-même brûlé? & M*e*. *Bofton* de déclarer qu'il eft maître en fa maifon, & que fi
fes Clercs ne vouloient des feuilles de l'*Inde* infufer,
on ne pouvoit les y obliger, & que Mrs. les Doüaniers
pouvoient s'aller promener.

Sur ce, un des membres à *calotte rouge* a avancé
qu'on devoit M*e*. *Bofton* caffer, & le déclarer incapable
de

(*) On prétend que les Srs. *Adams* pour qui étoit frété le bateau
de thé, ont été les premiers qui ont mis le feu à la mèche.

I. 5

de jamais charge publique posséder; quó des Douaniers, ou des Fermiers, de paroles maltraiter, ou à leurs ordres ne pas obtempérer, c'étoit au second chef crime de léze-Majesté.

Et ici un des Commissaires Raporteurs d'observer que c'étoit bien fort s'oublier, que dans l'instruction d'un procés la parole lui couper; & ce dernier d'outrepasser, de son fil raccrocher, & de continuer.

Que par les Douaniers procés verbal avoit été dressé: que sur procés verbal, *Suisses* & *Corses* (*) avoient été envoyés pour s'emparer de toutes les avenües de la maison de M°. *Boston*, que son étude avoit été à quelque milles transportée: que, sur ce, les voisins s'étant fâchés, étoient sur *Corses* & *Suisses* tombés, & avoient voulu en morceaux les déchirer: & que le *Cage* (†) Légat, sa petite cohorte en hâte avoit ramassé & vite s'étoit retiré: que villes, bourgs, villages & hameaux des tours & contours, au tocsin sonné s'toient rassemblés, que rebellion avoient tramé, guerre machiné, & plan d'indépendance formé: que ce *George* dont est question, maître de la maison, avoient huissiers envoyés pour exécuter M°. *Boston*, & mettre à l'amande les voisins des environs: que ces huissiers ayant été à coups de pierres & bâtons chassés, à son secours *George* avoit une armée apellé pour du loyer de sa maison se faire payer: sur ce, gentilshommes, bourgeois, pâtres, hommes, femelles, filles, garçons, s'étant en grande meûte assemblés, avoient armée exterminé, & sous de secondes *fourches Caudines* l'avoit faite passer: — sur ce un gros voisin, ami de loin, pays de cent lieües, avoit

cau-

(*) C'est la garde du Pape.

(†) Gouverneur de Boston au moment de la révolution de l'Amérique.

cause épousé, & la roüe de la charette bien fort poussé :
fur ce, querelle entre parties est née, & procès au tribunal des Puissances a été intenté. *George* contre
Louis & *Charles* griefs énormes a articulé : ces derniers
lès ont révendiqués , & fur leurs propres griefs cause
ont gagné. — Le fecond passe pour la justice être assez
porté, le troisième pour aimer à chasser, & le premier
pour à des Ministres sans bon sens se livrer : céci est un
peu compliqué, un peu barbouillé, mais nous allons le
dépliquer & le débarbouiller.

Louis est *puçon* né, c'est-à-dire que jusqu'à ce jour
fon pucelage a gardé, quoi qu'une fille de fa femme soit
née ; c'est un parfait honnête homme, qui du péché
originel n'a pas participé, qui de l'œuvre de la chair
n'a jamais en *vir* tâté, qui ne s'est jamais pollüé, & qui,
comme Vierge doit être canonisé, parce qu'il est im-
maculé.

Charles a autrement de la chair mangé , des enfans
procréé, & ces enfans font des animaux fieffés, parce
qu'en pleine matiere *Charles* s'est enfoncé, & que de
chasse ne s'étant , de toute fa vie, occupé, il n'a pû
qu'ânes , ou cabris procréer, mais il n'en est pas moins
pour brave homme regardé.

George d'œuvres mécaniques s'est mêlé, & des boutons a fabriqué, après avoir fils & filles enfanté.
George à des maîtres commis de fa fabrique s'est livré,
& bientôt banqueroute devra déclarer, & fon bilan
exhiber.

Or, entre un huissier de *Boston*, un *Puçon*, un chaf-
feur & un fabricant de boutons, procès est né, lequel
dans un très-haut tribunal a été jugé, fentence portée,
& le dernier vient à ce suprême Conseil en ressort dernier en apeller.

Ces

Ces petites fimiles, petites pointes à la *Bernis* (*)
dans la bouche d'une Eminence font de vraïes imperti-
nences ; auffi Monfieur le Commiffaire d'être grandement tanfé, comme il l'avoit mérité, & d'être à fon
Confrère ordonné de plus décemment l'affaire raporter,
& celui ci par ainfi de s'expliquer

A *Bofton* ville de l'autre monde eft rée rebellion. Les
habitans en ont l'étendart hautement levé; fe font ameu-
tés, & milice de *George* ont chaffé. *George* les portes
de la cité a fait fermer : les citadins ont portes briffé; de
fourches & de haches fe font armés & en guerre ouverte
font entrés. *George* de tous côtés foldats ramaffer, pour
au devoir les ramener. Les Citadins de fonner le tocfin,
de villageois inviter de fous leurs drapeaux fe ranger;
ainfi legions de former, poudre, canons fabriquer, bateaux fur l'eau faire marcher, & ainfi avec les archers de
George fe mefurer. Les citadins d'en vainqueurs triompher, du ferment envers leur maître fe relever, & inde-
pendans fe déclarer : — Alliance avec *Louis* de former,
Louis leur caufe d'époufer, & *George* vivement de fe
fâcher, & contre les Gens de *Louis*, gens armés envoyer pour enfemble fe colleter. *Louis*, en ami d'à *George*
accommodement propofer, à paix l'inviter, pour fang
fur terre ne pas verfer: *George* d'obftinément s'y refufer:
Charles d'*Efpagne* entre partis de médiateur fe porter:
George fa médiation de rejetter. Entre tems les ftipen-
diaires de ce dernier, outrages, cruautés, violences par-
tout d'exercer, & tous les gens du monde molefter: *Charles* d'à fon parent *Louis* fe lier, gens auffi armés enfemble envoyer, pour les gens de *George* chercher & enfemble s'exterminer: & ainfi de s'égorger, de s'affaffiner
&

(*) Cardinal accrédité, négotiateur renommé, verificateur
célèbré.

& partout fang verfer: plus d'une fois paroles de paix ont été à *George* portées : accommodement raifonnable propofé : & *George* de ne vouloir accommodement, ni paix écouter : & *George* d'être caufe que des tonneaux de fang vont être verfés. *George* eft un miférable hère qui commande une maifon où il n'y a ni ordre, ni police, ni raifon, les habitans font débandés, des déterminés qui fe portent à tous excès, qui commettent mille atrocités.

Il y a plus, a dit une Eminence : ce font des profanes, des facrilèges : ils brûlent le *St. Père*: comme on brûle le *Suiffe de paille* (*, à P A R I S.

Il y a encore plus, a dit une feconde Eminence, ils infeftent les terres, les mers, pillent, volent, tuent, affaffinent, & auffi donnent les étrivières fur le cu aux allans & aux venans. ... oh! pour ce, a dit une troifième Eminence, le cas n'eft pas à pardonner ; ce font des *Jéfuites* (†, qui aiment les derrières à contempler; comme les enfans d'*Iguace*, on doit fur eux les foudres du *Vatican* lancer, & par bulle du *Pape* les excommunier. En ce cas, a dit une quatrième, le procès n'a pas été mal jugé, & la fainte Congrégation doit la fentence des P U I S S A N C E S fur le champ confirmer ; le Pape un

Ju-

(*) Ces deux cérémonies font vraiment dignes des *Anglis* & des *Français*, & prouvent bien clairement que chez les nations les plus éclairées & les mieux policées, il refte toujours quelques petits vefti- ges de fotife & de barbarie.

(†) Les *Anglis* ne font encore *Jéfuites* qu'à demi : ils ne s'en prennent qu'aux poftérieurs mâles : mais les *Jéfuites* s'en prennent vraiment aux mâles & aux femelles. Tout le monde connoît l'hif- toire du Révérend père *Girard* qui enforcela fa pénitente en lui donnant le fouet tout doucement. Si les *Anglis* avoient, comme lui, le fecret d'enforceler les gens en fouettant fur eux & les fuftaillans fur le cu, ils auroient affurément beau jeu.

Jubilé donner, prières publiques, jeune univerfel ordonner, pour Dieu prier que l'ame des *Anglois* dans le
plus noir enfer foit brûlée. Il y a encore autre chofe,
a dit une cinquième, c'eft que tout de nouveau, ils ont
les chapelles, les maifons de Dieu incendiées; les images
cremées ; ils ont fait des feux de joie, non avec des
fagots, mais avec des habits Sacerdotaux: c'eft la défolation, l'exécration, l'abomination; ils ont mérité que
toute la terre de leur pays ne foit que foufre, que bitu-
me, que fel, que feu, qu'elle ne foit point femée, qu'elle
ne faffe rien germer, & que nu'le herbe n'en forte, &
qu'il en foit ainfi qu'en la fubverfion de *Sodome* & de
Gomorre, que Dieu a fubvertics en fa colère & en fa
fureur. (Deuter. XXIX: 23.

Ce dernier grief n'a pas été au tribunal des Puiffances
porté, a repris l'Eminent Raporteur, il eft d'importance,
& peut tirer à conféquence; car, fi prompt exemple on
ne va pas donner, toutes les chapelles des trois Royaumes rifquent d'être incendiées, & les prêtres, les *Oints
du Seigneur* d'être affaffinés, & peut-être un jour en
forcenés viendront-ils *St. Pierre* de *Rome* brûler, le
St. Père fouffleter, & de la tiare, en guife de coteret,
un feu allumer.

Or, par toutes ces confidérations & par cent autres
qui ne peuvent échaper à la fagacité des Eminentiffi-
mes, le procès entre *George Hanovre* d'une part, &
Louis & *Charles Bourbon* d'autre part, n'a pû être mal
jugé au tribunal des PUISSANCES; & le premier ayant
été légalement condamné, fentence portée doit être
confirmée.

Mais, a dit une autre Eminence, *George* a promis de
colporter un nombre confidérable de rames d'Indulgences, de barils de corps faints, de caiffes d'*Agnus Dei:*
nous offre un bon marché, à ceci faut faire attention:

Ge-

George paroît curieux d'etoffes de la fabrique du St.
Père : marchand , fuivant le proverbe , ne doit jamais
acheteur choffer de fa boutique. Si *George* alloit à ce
vénérable & éminent Confeil condamner & fentence du
premier tribunal confirmer , il fera mortifié & faché, &
rien de nous ne voudra acheter : or c'eft de conféquence :
Louis & *Charles* de nos marchandifes ne peuvent fe paffer , & quoi qu'elles foient d'ant que mode, & qu'elles
foient un peu tombées en *France* , en *Efpagne* & par-
tout, il en faut pourtant toujours un peu, & toujours il
en faudra. Or la demande & offres de *George* font un
objet de grande fpéculation : fi le gout pouvoit une fois
prendre dans les Royaumes de *George* , quelle bonne
chofe pour la fabrique du *St. Père* !

Une autre Eminence non moins forte en fpéculations,
mais par filme plus réligieufe, de bien fort contre le
Confrère fe récrier, & de hautement lui demander s'il
avoit oublié que ,, *Jefus* de *Nazareth* en *Galilée*, étant
autrefois entré au temple de Dieu chaffa dehors tous
ceux qui vendoient & achetoient au temple, & renverfa
les tables des changeurs, & les felles de ceux qui vendoient les pigeons : " (*) s'il avoit oublié encore que
l'Evangile felon St. *Mathieu* (†) dit en propres termes
& bien clairs, ,, ne donnez point les chofes faintes aux
chiens , & ne jettez point vos diamants & vos perles
devant les pourceaux , de peur qu'ils ne les foulent à
leurs pieds, & que fe détournant ils ne vous déchirent."

Et l'autre Eminence à celle-ci de demander , fi elle
prenoit les *Anglois* pour des chiens & des porcs : que
fon Eminence fûrement n'avoit jamais vû d'*Anglois* pour
ain-

(*) Matth. XXI: 12. Bible, édition de *Genève*, par Me. *Jean*
Calvin.

(†) Id. VII: 6. idem.

ainſi-parler, que les *Anglois* marchent à deux pates, &
non: à quatre , comme ſon Eminence; ſi fait bien a
reparti cette derniere , j'ai vû des *Anglois*, car j'ai vû
ſur la place d'*Eſpagne*, Mr *Glocceſter* qui ſe diſoit frère
de *George*, & qui a la peau blanche comme un poulet,
Mais je ſais , a continué ſon Eminence & la Gazette le
marque tous les jours, que les *Anglois* ſont coriacés, ils
ont la peau belle & blanche , mais ils ont le cœur dur
comme cuir de ſoulier. Ce ſont d'ailleurs des voleurs
de grand chemin, des aſſaſſins ſur les mers; ils volent,
ils tuent, il donnent le fouet aux gens: ils ont volé des
bateaux appartenans aux Sujets de ſa Sainteté le *Pape*,
aſſaſſiné un *Suédois* (*), fouetté un *Hollandois*, pillé , pillé
toutes les nations. Ils ſont ſans religion : chez eux,
point de meſſe, point de confeſſion, par conféquent
d'abſolution, encore moins de communion: point d'eau
bénite, point de chapelles, point de ſaints, point d'I-
mages; des Evêques & des Archévêques intrus, hérétiques, ſchiſmatiques, excommuniés, & à tout jamais à
tous les Diables damnés.

Et une plus raiſonnable Eminence encore contre ſon
Confrère de gronder, de ſon fanatiſme blâmer, & d'a-
vancer que dans ce ſiécle, ſi éclairé, les gens d'eſprit
s'étoient accordés, à ne plus les Religions tanſer, &
que partout le monde le tocſin contre le fanatiſme
avoient ſonné pour tout l'univers en informer. Son
Eminence en preuve un chapitre de *Voltaire* a cité qui
dit: que cette haine funeſte déployée ſi hautement contre
nos ſemblables, en fait de religion, révoltent les eſprits
au lieu de les gagner: que c'eſt choquer la ſageſſe que
de faire comme ſont les *Lutbériens* qui outragent les
Cal-

(*) Le Capitaine *Aubarts*.

Calvinistes, les *Calvinistes* qui difent des injures aux *Anglicans*, les *Anglicans* aux *Puritains*, ceux-ci aux primitifs nommés *Quakers*, tous à l'Eglife *Romaine*, & l'Eglife *Romaine* à tous.

Si nous avions été plus modérés, a pourfuivi cette fage Eminence, il eft conftant qu'on ne fe feroit pas tant revolté contre nous. Pour un petit point d'honneur, un petit entêtement, nous avons perdu en *Angleterre* le *Dénier St. Pierre*, & tous les déniers des nonante neuvièmes parties du monde, & c'eft notre faute. Pardonnez, mon cher Confrère, mais convenez que fi on a démoli, il y a un peu plus de deux fiécles, notre maifon, c'eft notre faute: & fi l'on a pris les pierres de notre propre maifon pour nous les jetter à la tête, c'eft encore notre faute.

Ah! Canaille! ah! hipocrite! ah! traître au *Pape* à Dieu, aux Saints, à toute l'Eglife! tu t'es enrolé fous les drapeaux de ce damné gougeat de *Voltaire*, tu es comme fes pareils, tu ne vaux rien; au lieu d'enfeigner la vérité, & l'Evangile prêcher fur les tours, les toits & les lanternes: tu es pire qu'un éditeur de l'Encyclopédie... Es tu mêlé dans cette affaire? quelle part y as-tu? la pefte foit de la face férieufe du vilain! tu roules les yeux tout jufte comme les maquerelles; oui les maquerelles; aujourd'hui elles parlent philofophie, elles prêchent philofophie comme un philofophe, & tu es une maquerelle.

Ici l'Eminent d'être à l'ordre apellé & vivement réprimandé : l'autre fans fe déconcerter, fa pointe philofophique d'ainfi continuer.

" Un honnête homme eft le plus noble ouvrage de Dieu; la Divinité eft l'auteur & le lien de tous les êtres: tous les hommes font frères: Dieu eft leur père commun:" voilà les maximes des philofophes; demeurons donc en repos; prêchons une morale auffi pure

M   que

que celle des philofophes , & ne les damnons pas;
précifément parce qu'ils ne font pas dans le giron de la
S^{te} mère.

Les Philofophes reconnoiffent par-tout l'être fuprême,
adm rent la Providence dans l'infiniment grand & l'infiniment petit, dans la pro uction des mondes & dans celle
des infects , conclura t on delà qu'il eft impoffible que
ces hommes foient chrétiens, foient fauvés ?

Ils adorent un Dieu & nous auffi ; ils enfeignent la
vertu, & nous auffi. Ils veulent qu'on foit foumis aux
Puiffances, qu'on traite tous les hommes comme des frères; nous penfons de même, nous partons des mêmes
principes. Agiffons donc avec eux comme des payens
qui ont entre les mains les titres de la famille, & qui les
montrent à ceux, qui defcen us de la même origine,
favent feulement qu'ils ont le même père, mais qui n'ont
point les papiers de la maifon.

Un philofophe qui remonte à la religion d'*Adam*, de
Sem, de *Noé*: delà qui fait un pas de la religion de *Noé*
aux préceptes donnés à *Abraham*? après la religion
d'*Abraham* qui paffe à celle de *Moïfe*, enfin à celle du
Meffie. & quand il voit que la religion du *Meffie* a été
corrompue, il choifit à fon gré entre *Wickleff*, *Luther*,
Jean Hufs, *Jean Calvin*, *Zuingle*, *Socin*, *Fox* & cinquante autres : ainfi il a un fil qui le conduit dans ce
grand labyrinthe depuis la création de la terre jufqu'à
l'année préfente. S'il a lu le bréviaire, ou l'alcoran de
tous ces grands hommes, & s'il répond qu'il aime mieux
être de la religion d'*Adam* , de *Moïfe*, de *Mahomet*,
du *Meffie*, ou de toute autre , nous le plaindrons,
nous prierons Dieu qu'il l'illumine, mais nous ne l'ex-
communierons pas, fes biens fuivant les *Us* de l'Eglife
ne confifquerons pas, nous ne lui dirons pas des injures, nous ne l'enverrons pas en enfer en droite ligne,

par-

parce qu'il ne veut acheter, ni nos chapelets, ni nos images. Nous ne difons point de fotifes aux *Turcs*: nous n'en difons pas aux *Juifs* mêmes, malgré qu'ils ont crucifié *Jefus*. Nous n'avons donc aucune raifon pour nous emporter avec tant de fureur contre les Philofophes & contre les *Anglois*, & de dire qu'après avoir recueilli le mépris de toutes les nations, ils feront par *Lucifer* grillés, toute une éternité.

Soyes juftes, mortels, & ne craignea qu'un Dieu.
Voilà a dit l'Eminent une fentence du poëte *Virgile*.

Cette fentenfe eft bonne & belle,
Mais en enfer de quoi s'eft-elle ?.... SCARRON.

A repris l'Eminent lunatique deffus cité. *Virgile* eft damné, comme vous le ferez Confrère, pour avoir embraffé le Philofophifme qui eft l'antipode du Chriftianifme, & avoir dans un fi délicat procès parù favorifer la caufe des *Anglois*, qui tous, comme *Virgile* & vous, font damnés, ainfi que par Concile a été déclaré, Mordieu, Confrère, vous devriez avoir vergogne d'avoir parlé comme un ivrogne: j'aimerois mieux un *Juif* tout cru manger, que théfes fi erronées avancer, Fi! Fi! Et encore, être pour les *Anglois* porté, eux qui font aux flammes éternelles voués, fur la tête defquels toutes les bateries de canons & de foudres ont été lancées, & qui font anathématifés, anathématiferas-tui & ce, pour des très Chrétiens & très Catholiques délaiffer, qui, toujours à l'époufe de l'*agneau fans tache*, fidéles ont été, de qui chaque jour bonnes rentes en bons doublons, & bons *Louis* avons à toucher; non, non ça ne convient pas, Confrère: un Concile écuménique vais faire convoquer pour vous condamner

M 2

à la facrée calote rouge dépofer, & la tonfure (*) *Indienne* vous faire donner.

Ici tous les membres de la Ste Congrézation d'être Indignés, & l'Eminent de traiter de fanatifme, de barbarie, de férocité; & de le menacer de fur le champ au Chateau St *Ange* pour fa vie le faire enfermer, & de fortement lui reprézenter qu'une rubiconde Eminence devoit un peu plus fes paroles pefer, & être un peu moins incoulière; — & le Très Sacré *Saint Père* de roupiller fur fa chaife percée, de ronfler, de groffes roupies, de fon nez fur fes brayes de fi lin, lefquelles tiennent depuis les reins jufqu'au bas des cuiffes, (†) laiffer couler, ce qui eft capable de faire tout le Saint Conclave dégobiller, auffi de peter & de rotter, ce qui dénote que fa *Sainteté* a été mal élevée, ou que de pois *Hollandais* elle a bravement mangé.

Et ici d'outrepaffer, & d'être demandé que fentence foit en faveur de l'une ou l'autre partie confirmée, ou la caufe au Moufti de *Conftantinople* renvoyée.

Et une feconde requête de *George* d'être à *Sainteté* préfentée, par la quelle *George* fe complaignoit amèrement,

---

(*) C'eft le *Sachol*, efpèce de tonfure que les *Indiens* donnent à leurs amis les *Européens*; la *Cérémonie Indienne* diffère un peu de l'Eccléfiaftique; dans celle-ci, il ne s'agit que de couper quelques brins de cheveux, & un Evêque Barbier, l'etui qui, un peu expert fait cela avec dextérité; mais l'autre Cérémonie confifte à lever la peau du crane, à enlever la cervelle & la manger en fricaffée, on en ragoût, c'eft un peu plus dur.

(†) Exode XXVIII. 42. le vêtement facré du Pape d'aujourd'hui diffère tant foit peu de celui du Pape *Aaron*: le premier n'a pas comme le dernier, le *Patron* avec le devis de l'*Ephad*, le *Pectoral* de jugement, le *Roquet*, & finalement des chemifes qui tenoient ferré, des brayes, des baudriers & des calottes; mais, ça revient à peu près au même; du refte ça ne fait rien à la chofe.

ment , & demandoit humblement fi le cas venant qu'il
foit chaffé, comme la chôfe pourroit arriver, il fera
reçu au *Vatican* comme le *Prétendant*, & s'il y aura un
chapeau de *Cardinal* pour fon fils le Prince *Electoral*,
& le pauvre défenfeur de la foi, très mince défenfeur
de fes Etats, d'être, en ce fecond tribunal, défaoué,
condamné, fentence du premier confirmée prefque *nemine
contradicente*, & jugement *Papal* d'ainfi être porté:

" Que par devant le *St. Père* & fes Révérendiffimes
Frères compofant le facré concittoire, les Vénérables
membres ont trouvé que les plaintes de la partie *George*
font erronnées & frivoles, fon Appel mal fondé: qu'
entre cette partie & la partie *Louis* & *Charles* procès
au tribunal des Puiffances n'a pas été mal jugé. En
conféquence que la fus-dite fentence ou fus-dit tribunal
portée demeurera, comme elle demeure en tous points
& articles confirmée: que la dite partie *George* devra
comme elle doit, & ainfi qu'a été par jugement des
Puiffances arrêté, tous dépens, fraix & dommages
payer "

Sou-dain confirmation de fentence ayant été aux Avocats
de la partie *George* communiquée, ceux-ci de jurer, tem-
pêter, le *Pape* & fa fequelle au Diable donner, &
George de promettre de faire mieux que jamais le *St.
Père* à *Londres* griller.

Et les Avocats de la partie *Louis* & *Charles* de s'em-
preffer à faire fentence exécuter; & les Avocats de la
partie *George* un repit de dix ans demander, & les premiers de tout net le refufer; & les derniers de déclarer
de vouloir, de nouveau fe pourvoir par devant les
PUISSANCES, pour que de leur autorité, repit à *George*
foit accordé: & Mes *Bute* & *North* de ne faire ni un,
ni deux, de vîte retourner chez eux une requête fabriquer, pour aux Nobles PUISSANCES la préfenter.

M 3   Et

Et encore ce jour, les Nobles Hautesses, Majestés & Altesses & les roturiers Représentans, en commun Conseil, chambres assemblées, ont délibéré sur le répit par les Avocats de la partie *George* demandé.

Sur la susdite requête étoit porté : que puis qu'il avoit plû aux Hautissimes & Sérénissimes Majestés & Altesses, de la partie *George* à tous frais & dépens condamner, les soussignés Avocats étoient autorisés à un répit de dix ans à l'auguste tribunal solliciter ; — qu'on ne devoit point par ainsi prendre les gens à la gorge, & les étrangler, sans les laisser un moment respirer.

Et les deux parties d'être de nouveau au tribunal mandées, & *Louis* de déclarer que procès étant jugé, sentence par les nobles *Puissances* portée, & *George* par elles aux dépens & dommages condamné, *George* devoit payer, & répit ne devoit pas lui être accordé : & *Charles* d'avancer que *George* devoit être au corps appréhendé, & en prison fourré, & sur le champ bons schellings, bonnes guinées compter, ou en sa maison être exécuté : — & *George* de riposter que sa bourse étant épuisée, il ne pouvoit seulement trois déniers leur donner, ou qu'il devoit de porte en porte de ses trois Royaumes les aller mandier & que si *Louis* & *Charles* vouloient si fort le presser, ils pouvoient tous deux s'aller promener. Monsieur *George*, a dit Monsieur *Charles*, ou vous deveriez vous excuser & pardon nous demander, ou du moins sottises ne pas nous chanter : car vous ne pouvez ignorer que moi & *Louis* pouvons vous pétrifier, & toute votre fabrique de boutons manger, & vous réduire à sur la paille coucher.

Tout bellement ont dit les bouchers, quand nous autres à *George* viande avons livré, long crédit lui avons accordé, & encore en arrière avons-nous laissé des

re-

reliquats & compte qui ne font pas payés : & vous, Monfieur *Charles*, a dit Monfieur *Caffel*, qui avofl à *George* une querelle d'*Allemand* cherché, parce que ce pauvre homme a perdu procès, qu'il eft aux frais condamné, vous dites que fur la paille vous le voulez faire coucher, & en fa maifon le faire exécuter : moi comme huiffier du tribunal, je ne voudrai jamais à l'exécution mon miniftère prêter. Ni moi non plus, a dit le fecond huiffier *Orange* : mon Coufin eft trop brave homme, je le connois : & pour lui, à raifon d'amitié & de parenté, je ne puis qu'être porté : & duffe-je mes feptante quatre gardes du Corps par petits morceaux faire couper, & mes vingt C ᴇ ɴ ᴛ *Suiffes* faire hacher, pour lui veux les facrifier, pour fecours, s'il eft befoin, lui porter, car, on dit que ma fille, du côé de fa mère Royale, doit le fils aîné de mon Coufin *George* époufer, & fur le trône d'*Angleterre* monter. Or, fuivant *Agrippa* (*) & tous forciers & forcières, ma fille fera Reine, & moi, un jour, Roi, voilà de quoi chanter *Victoria*. Alors je pourrai les gros canons faire gronder, à ma volonté, des camps dans les Dunes, de trois cent mille hommes, à l'inftar de ceux de mon Oncle *Fréderic*, former, & le *St Efprit à Verfailles*, & la *toifon* au *Pardo* aller conquèrer.

Viendrez-vous auffi la bouteille du fang (†) de *St. Janvier* à *Naples* enlever, a dit le Roi des *Deux Sici-*
les :

_____

(*) Ça été un *Pape* forcier, & le plus grand forcier qui jamais ait exifté.

(†) C'eft un fang miraculeux renfermé en une petite fiole : quand la Majefté *Sicilienne* a fait débauche, & rifque d'être malade ; le fang s'en va & ne revient, que lorfque fa Majefté doit fe mieux porter.

M 4

fes: irez-vous auffi la Ste *Ampoule* (*) à *Rheims* voler;
irez-vous auffi les reliques de *St. Jaques* de *Compoftelle*
dérober, & le corps du bienheureux *St. Ignace*, non
loin de là déterrer?

Quand je ferai de Majefté *Hollandoife* titré, a repris,
Mr. Orange; du *Texel* je partirai, & à *Batavia* mon
aigle Royale irai nicher; plus loin que tous les *Céfars* je
marcherai, & à mon char, à la mode des *Romains*,
Joſeph, *Louis* & *Charles* j'attelerai.

Et l'Empereur *Joſeph* de ripofter & le Sieur *Orange*
de garçon marmiton traiter, & de lui confeiller d'avec
Monſieur *Citron* (†) aller coucher, & de lui, apprendre
comme on doit ânes étriller ; que lui Monſieur *Joſeph*
eft capable d'à Monſieur *Orange* faire les étrivières fur
le cu donner, & de cent mille mille pieds en terre fa
carcaffe enfoncer.

Des membres pour, d'autres contre : un d'avancer
que toujours la balance de la juftice du côté de l'infortuné doit pancher: que dans la négative il y auroit trop
d'inhumanité: que le tribunal ne peut en confcience fe
refufer d'à *George* donner le répit qu'il a demandé. Ce
dernier d'être vivement fecondé: un autre d'obferver
qu'un répit de dix ans eft terme qui trop loin s'étend:
un troifième qu'on doit le modérer & à cinq le porter.

Un autre de la grande queftion ramener, & d'avancer
qu'on doit à *George* & à tous les *Anglois* le coup de
grace donner, fans quoi que ce fera toujours à recom-
mencer; querelles, procès à ne jamais terminer; toujours
gu-

(*) C'eft de la vieille huile de baleine, qui a à peu près le même
effet que celui du fang *Javelot*, avec la quelle les Rois de *France*
font facrés.

(†) C'eft un b'anc, couleur d'ébène, Palfrenier, favori & mignon
de fon Alteffe *Orange*.

guerroïer, toujours batailler, toujours le globe ensanglanter. Dans les quatre parties de la terre, a dit un
autre honorable, ce *George* a le foudre de guerre porté,
fi le foudre de fa main on ne va arracher, un déluge
de fang va le monde inonder, & où prendre, où trouver une arche de *Noé?*

Le tems preffe, preffe, preffe, a dit un autre, car
nous rifquons tous d'être fummergés, & dans la mer
rouge noyés, fi nous n'allons à cela court couper,
éclufes & digues par ci, par là, faire jetter : oui,
tout eft perdu, fi nous n'allons dépêcher.

Ce font des terreurs paniques a repris un goguenard,
auffi membre du tribunal : la fcène fe paffe à dix-huit
cent lieües ; ainfi nous n'avons rien à rifquer, & un
fecond déluge ne peut arriver, nous avons l'Arc-en-
Ciel, que le grand Roi de l'*Olimpe* nous a accordé, par
traité, lorfque nos vieux pères ont, entre lui & eux,
alliance contracté, il y a quelques millions de fiécles
paffés. Par ce traité folemnellement ratifié, ez articles (*) IX, X, XI, XII, XIII, XIV, XV, & XVI.
eft porté : " *Quant à moi, voici : j'établis mon alliance
avec vous, & avec votre race après vous : & avec tout
animal vivant qui habite avec vous, tant des oifeaux,
que du bétail & de toutes les bêtes & pécores de la terre
qui font avec vous, qui mangent avec vous, & générale-
ment jufqu'à toutes les bêtes du monde. J'établis donc
mon alliance avec vous, & nulle chair, c'eft à-dire nul
animal, ne fera plus noyé & exterminé par les eaux
du déluge, & il n'y aura plus de déluge pour détruire
la terre & ceux qui marchent fur la terre à deux &
à quatre pates. l'Arc-en-Ciel eft le cachet du quel je*
                                                    fcel-

(*) Genefe IX. Bib. édit. de Geneve 1615.

ftella l'alliance entre moi & vous, & entre toute créa-
ture vivante, née, ou à naître, qui eft, ou qui fera avec
vous pour durer toujours. L'Arc en la nuée fera le
figne de l'alliance perpetuelle entre moi, & tout animal
vivant en quelque chair qui foit fous la couverture du
Ciel."

Les articles de ce traité fidélement raporté par un
membre très lettré ont tout le tribunal raffûré: car nombre d'un nouveau déluge épouvantés, avoient déja fongé
à faire des briques (*) & à les cuire au four, pour une
feconde tour de *Babel* élever, & cent mille lieues au
delà du Ciel la faire monter.

Et encore ici un autre honorable le point de la vraie
queſtion de ramener, de tous les déluges fe moquer &
toutes les ALTESSES & MAJESTÉS d'au bon fens
rapeller.

Et de nouveau , le replit par la partie *George* demandé,
d'être fur tapis pofé; les Avocats *Bute* & *North* de fortement infiſter ; *George* d'à cors & à cris le folliciter;
Louis & *Charles* nouvelles oppofitions de former; les
Avocats *Maurepas*, *Choifeul*, *Aranda* & *Blanca*, pour
leur partie de tout délai décliner, & d'à leur tour vivement perfiſter pour que fentence des nobles PUISSAN-
SES foit exécutée.

Et un honorable de propoſer qu'à huis (†) clos fur
matière foit délibéré, & que les parties & Avocats des
parties ayent à fe retirer, & Meffieurs *Louis* & *Charles*
& leurs parliers d'être poliment priés de la chambre
quitter , & d'aller à la buvette, ou au parquet (‡) un
inftant, tranquillement fe repofer.

Ava-

(*) Voyez Genefe XI. 3.
(†) En ftyle barbare de palais, portes fermées.
(‡) Lieu du palais où les Gens du Roi donnent leur audience.

Avocats & parties retirés, les PUISSANCES d'ensemble délibérer. Certains membres pour la partie *George* inclinés, en faveur du repit d'opiner ; d'autres de s'y opposer, & telles & telles raisons de leur opposition alléguer. Enfin les conclusions de l'Avocat Général d'être demandées , & M. *Frédéric* Roi de *Pruffe* d'ainsi les donner.

Certains membres du noble tribunal semblent portés à repit de dix ans à la partie *George* accorder, d'autres à le modérer, & à cinq ans le fixer: d'autres paroissent appréhender d'être de flots de sang inondés, par déluge submergés, & d'arche de *Noé* manquer, & de ne savoir où se retirer pour du déluge se garder. Quant au déluge c'est une fariboie : le noble tribunal doit être rassuré, universel jamais ne peut arriver : il peut survenir en quelques endroits un débordement de certaines rivières, certains ruisseaux, & il est de nécessité pour l'engeance des mauvaises bêtes noyer. Les nobles PUISSANCES, je crois, n'ont pas l'esprit assez bouché pour ne pas deviner que de la guerre je veux parler. Or comme je pense l'avoir autrefois démontré, la guerre est au monde innée, & guerre au monde de tems à autre on doit susciter pour le mauvais sang des peuples tirer & la terre purger. Quant à celle élevée entre les *Bour-bons* & le fabricant de boutons, il ne peut y avoir ni trève, ni repit, ni grace: ce sont trois plaideurs obstinés qui à accommodement amiable ne veulent se prêter, & qui tous trois ont juré d'ensemble se ruiner. Le procès qu'ils se sont intenté est un vieux procès de famille, procès qui déja, deux siecles, a duré, & qui encore de deux siécles ne sera peut-être pas terminé. Encore un coup ce sont des entêtés, & la meilleure raison ne pourroit les porter à conviction. Dans leurs querelles & divisions, le meilleur juge, selon moi, est le canon:

ser-

fentence en dernier reſſort il portera, & entre les deux
partis de la paix décidera. Je donne donc pour conclu-
ſion de guerre continuation entre *George* & *Bourbon*
juſqu'au dernier baril de poudre totale extinction.

Et ici, les nobles MAJESTÉS, ALTESSES & Excellentes rotures MESSIEURS les Repréſentans des
Républiques, ſans plus long-tems s'arrêter à radoter,
déraiſonner, extravaguer, tout de bon d'outrepaſſer,
& chacun de déclarer que les *Bourbons*, & le fabricant
de boutons, ne voulant pas entendre raiſon, pouvoient
enſemble s'arranger, ou à tous les Diables s'en aller.

Et un membre de repréſenter que

> Ni l'armoire, ni le grenier
>
> Ne ſe remplit à babiller....

Et que deux Commiſſaires ayant été nommés pour les
épices des honorables du tribunal régler;... Ces Commiſſaires devoient leur état exhiber, & tous & chacun
de leurs honoraires être payés, avant de ſiége lever.

État des dits étant par les ſuſdits Commiſſaires ſous
les yeux des nobles PUISSANCES poſé: icelui réglé
& approuvé, a été arrêté.

Qu'au Seigneur Préſident *Grand-Turc* ſera baillé le
Croiſſant de la Lune, lorſqu'elle ſera dans ſon plus grand
diamètre:

Au Seigneur Vice-Préſident Empereur *Joſeph*, la vie
d'*Alexandre* le GRAND, & la Gazette contenant les
détails de la retraite & priſon de *Charles* XII. à *Bender*:

A l'Empereur de *Maroc* la carte des places d'*Oran*
& de *Ceuta* pour s'en emparer lorſqu'il pourra, comme
lui appartenant de droit:

A la Reine de *Hongrie* un bréviaire de *Capucin*, à
l'uſage de ſon fils le BISCHOP de *Cologne*:

A

A l'Impératrice de *Russie* un bon cervelat de *Bayonne*, ou un bon boudin de *Carcassonne* :

A la Reine de *Portugal* une image de la *Vierge* & un Chapelet de *Lapis-Lazulli* :

Au Roi de *Dannemark* un bois de Cerf, sortable des cocus :

Au Roi de *Suède* une fiole de liqueur érotique, pour l'aider à ne plus rester onze ans à procréer des enfans :

Au Roi de *Pologne* une paire de quenouilles, & une demi douzaine de fuseaux :

Au Roi des *Deux Siciles* deux paires d'oreilles d'âne les plus longues qu'on pourra trouver dans les écuries du vaste & peuplé Royaume d'*Arcadie* :

Au Roi de *Sardaigne* les Cantiques de *Salomon* :

Au Roi de *Prusse* une bonne grosse queue de singe, quelques cornes de taureau, quelques oreilles de baudet (*) : récompense méritée, selon le sentiment du Seigneur Président, par ceux qui ont fait des prouesses, bravement bataillé, & glorieuses victoires remporté :

Aux Altesses & toutes Excellences une petite somme en argent, une fois payée :

Aux cuisiniers, pâtissiers, rôtisseurs, marmitons, cordonniers, savetiers, vuidangeurs patentés, barbiers, perruquiers, moucheurs de chandeliers, crocheteurs & autres, un pourboire honnête :

Aux Médecins, Chirurgiens, Apoticaires, Opérateurs, accoucheurs, guérisseurs d'écrouelles, un honoraire convenable :

Aux cochers, postillons, palefreniers, heiduques, coureurs, valets de chambre, valets de pied, laquais, porteurs de livrée, livrée neuve de pied en cap, & trois mois de gages..... &c. &c. &c. &c,

(*) Voyez pages 14, 25, 26.

CON-

CONCLUSION

SANS PLUS DE FAÇON.

Contre cet Ouvrage on fe fâchera, on criera, on tempêtera, pour moi, je ne m'en embaraffe pas.

Il eft permis à un *Anglois* pour fon argent de s'amufer, de faire les Rois danfer, & *George* fur la couverture faire fauter....

On dira que cet Ouvrage eft infolent, injuriant, impertinent, mal fonnant, cotonnant, hérétique, fchifmatique, payen, anti-chrétien: qu'il mérite d'être lacéré, & par tous les bourreaux du monde brûlé, par tous les Parlemens condamné, par tous Patriarches, Primats, Archevêques, Evêques par mandement à tous fidèles prohibé:

Que Dieu doit damner celui qui la enfanté, qui l'a imprimé, qui dans tous les coins du monde l'a verfé. &c.

Sir *Jamé* a la bonté d'avifer que le premier payfan de Roi qui ofera fe fâcher, cet ouvrage faire brûler, ou dans fes Etats prohiber, bien comme il faut avec bonnes garfettes fera feffé; & tout Sénat, Parlement Confeil, Sorbonne qui ofera fe hazarder de cet ouvrage cenfurer, bien dûement fera baftonné; & le premier qui encore cet Ouvrage ofera réimprimer à la Juftice des nobles PUISSANCES par moi JAMÉ fera dénoncé, pour être fa maifon rafée, puis lui aux Galères envoyé; & tout Gazettier, Courier, Journalifte, Analifte, q.i du procès ofera mal parler, un mauvais quart d'heure devra paffer.

A toutes les PUISSANCES SIR JAMÉ bonne fanté continüe à prier: que *George*, dans le procès, bon fuccès n'ait pas éprouvé, de cela il eft très faché: que *George* avec *Charlotte* aille couchér, l'affaire eft jouée.

F   F..........N.

A V I S

D E

G. CARENAUGHT.

Cet Ouvrage annoncé à MESSIEURS les LIBRAI-
RES étrangers , par lettres circulaires, dès le 1er du
mois de *Mai* , n'a été si long-tems retardé que par des
circonstances imprévûes. Celle sur-tout de l'émeute ar-
rivée à *Londres* le 2 *Juin*, n'a pas peu contribué à son
retard. Elle a encore occasionné nombre d'erreurs sen-
sibles pour la partie typographique. Les plus notables
se trouvent en l'*errata* cy après.

ERRATA.

Pag. 12.   lig. 11.   é ébres.   lisez ténèbres.
13.   — 26.   globle,   — globe.
20.   — 8.   tou.   — tout.
30.   — 30.   lé.   — le.
34.   — 5.   consulé.   — consulté.
id.   — 15.   traîtreusement.   — traîtreusement:
37.   — 33.   monté.   — montée.
id.   — id.   armé.   — armée.
id.   — 38.   affublé.   — affublée.
id.   — id.   harnaché.   — harnachée.
id.   — id.   caparaçonné.   — caparaçonnée.
48.   — 28   é é.   — été.
54.   — 34.   panagériqué.   — panégyriqué.
84.   — 4.   déféré.   — déféré.
113.   — 2.   verre.   — versé.
130.   — 23.   sûreté.   — sûreté.
133.   — 22.   ruisseaux.   — ruisseaux.
149.   — 31.   fau.   — faut.
172.   — 4.   mérité.   — mérité.

Original en couleur

NF Z 43-120-8

www.ingramcontent.com/pod-product-compliance
Lightning Source LLC
Chambersburg PA
CBHW071954090426
42740CB00011B/1939